里程碑
文库

THE
LANDMARK
LIBRARY

**人类文明的高光时刻
跨越时空的探索之旅**

[英] 科林·琼斯 (Colin Jones) ▸ 著

荆文翰 ▸ 译

路易十四的
权力景观
与法兰西历史记忆

凡尔赛宫

VERSAILLES

LANDSCAPE
OF POWER & PLEASURE

北京燕山出版社
BEIJING YANSHAN PRESS

从花园看向凡尔赛宫的立面视图（1668—1684）。

凡尔赛宫：
路易十四的权力景观与法兰西历史记忆

[英] 科林·琼斯 著

荆文翰 译

图书在版编目(CIP)数据

凡尔赛宫：路易十四的权力景观与法兰西历史记忆 / (英) 科林·琼斯著；荆文翰译. -- 北京：北京燕山出版社, 2021.10
（里程碑文库）
书名原文：Versailles：Landscape of Power & Pleasure
ISBN 978-7-5402-6170-2

Ⅰ.①凡… Ⅱ.①科… ②荆… Ⅲ.①凡尔赛宫－介绍②法国－历史 Ⅳ.① K956.57② K565

中国版本图书馆 CIP 数据核字 (2021) 第 175523 号

VERSAILLES
LANDSCAPE OF POWER & PLEASURE

by Colin Jones

This is an Apollo book, first published in the UK in 2018 by Head of Zeus Ltd
Copyright © Colin Jones 2018
Simplified Chinese edition © 2021 by United Sky (Beijing) New Media Co., Ltd.

北京市版权局著作权合同登记号 图字：01-2021-4522 号

选题策划	联合天际	特约编辑	宁书玉	
版权统筹	李晓苏	版权运营	郝 佳	
编辑统筹	李鹏程 边建强	营销统筹	绳 珺	
视觉统筹	艾 藤	美术编辑	程 阁	

责任编辑	郭 悦 李瑞芳
出 版	北京燕山出版社有限公司
社 址	北京市丰台区东铁匠营苇子坑 138 号嘉城商务中心 C 座
邮 编	100079
电话传真	86-10-65240430（总编室）
发 行	未读（天津）文化传媒有限公司
印 刷	北京雅图新世纪印刷科技有限公司
开 本	889 毫米 ×1194 毫米 1/32
字 数	140 千字
印 张	7 印张
版 次	2021 年 10 月第 1 版
印 次	2021 年 10 月第 1 次印刷
I S B N	978-7-5402-6170-2
定 价	68.00 元

关注未读好书

未读 CLUB
会员服务平台

目录

＊ ＊ ＊ ＊ ＊ ＊

引言

国王刚说完那里应该有一座宫殿,一座非凡的宫殿就出现了……[1]

这听起来像个童话,而且这句话确实来自《小红帽》《灰姑娘》《穿靴子的猫》(以及其他许多经典童话故事)的作者夏尔·佩罗。他提到的凡尔赛宫的建造过程,并非像童话故事中那样一蹴而就,但也相去不远。1660年后的几年里,一座不起眼的狩猎小屋摇身一变,成了庞大、恢宏的建筑群,威风凛凛地矗立在华丽的园林之中。在当时及日后的法国乃至整个欧洲,凡尔赛宫都重新定义了一座皇家宫殿应有的模样。

若说所有这一切都出自一个人(其实就是佩罗的主人)之手有些言过其实,但这也并非一个阿谀奉承之人的溢美之词。作为专制君主、拥有神赐王权的统治者,波旁王朝的国王路易十四(1643—1715在位)选择了这处(其父路易十三喜欢的)地点,将他想要修建的宫殿概念化,并在之后的数十年内投入自己全部的创造力将其变为现实,直到他离世。凡尔赛宫是一位国王的智慧结晶——他想要一座能够起到崇拜、纪念、鼓舞和统御作用的纪念碑。这座宫殿根据王室的命令建造,按照王室认可的设计进行修葺和装饰,整座宫殿依照一个人的标准迅速拔地而起,这个人在他的廷臣和子民面前自称为"路易大帝"。

正如童话作者暗示的那样,这个如同被施了魔法的地方令人彻底眼花缭乱。规模和美感相辅相成,让所有看到它的人——

亚森特·里戈于1701年绘制的路易十四像,原本是送给路易十四之孙的礼物,但国王对其赞赏有加,不愿送出,因此将其置于国务大厅中,供公众观赏。

廷臣、贵族、外交官、旅行者、商人、工匠以及普通的法国民众——不得不肃然起敬、惊叹不已。法国历史上最伟大的艺术家们受命创作出一件壮观的装饰性巨作。这项工程延伸到了宫殿围墙之外，因为路易十四还对园林产生了浓厚的兴趣，一座欣欣向荣的卫星城也在毗邻的小村庄上"变"了出来。凡尔赛宫不仅是一座权力建筑，还拥有一整套权力景观。它也体现出一种宇宙的维度：宫殿中最主要的权力象征之一便是太阳王*路易十四的代表图案——宇宙围着他转，而他仁慈的恩典泽及万民。

1682年，路易十四将整个宫廷迁至凡尔赛，使其声望达到顶峰。他还将政府机构一并迁到这里，从事实上放弃了欧洲大陆上最大且最负盛名的城市巴黎。从此以后，凡尔赛实际上成了法国王室的宫廷、首都及政府所在地。

在欧洲，只有最伟大、最富有的国王才可能构想如凡尔赛宫一般宏伟、野心勃勃且耗费资源甚巨的计划。随着18世纪向前推进，凡尔赛宫的声望大增：欧洲其他各国君主竞相效仿；以其庭院为代表的"法式园林"风格席卷欧洲，甚至连实际由路易十四创造的道路宽阔笔直的凡尔赛镇，也为19世纪奥斯曼主持的巴黎大改造提供了样板；更直接的是，还给美国华盛顿的设计规划以及葡萄牙里斯本的震后重建提供了灵感。

---

* 虽然在述及路易十四时广泛称其为"太阳王"，但其实法国旧制度下并非如此。因为正如我们将了解到的，太阳图案只是路易十四诸多象征中的一种，我尽量避免在本书中过多使用这一称呼。

这块典型的细木护壁板中心处饰有路易十四的太阳图案。

然而，凡尔赛工程给路易十四的国库造成了沉重负担，也将其后继者路易十五（1715—1774在位）和路易十六（1774—1792在位）置于一种自相矛盾的处境。两人都不愿打乱看似成功的路易十四式伟大模式，因为这建立在向国内外展示实力的基础上。然而要达到前辈的标准是一项艰巨的任务，而且两位君主都发现路易十四并不容易效仿。在某种程度上，他们只能通过在某些方面背离路易十四的理想来做自己。对路易十六的王后玛丽·安托瓦内特来说尤其如此，她沉迷于凡尔赛宫的奢华，却希望这种奢华只聚焦于自己。公众与日俱增的不安情绪，有如围绕路易十四的破坏性战争与对新教徒的镇压而形成的黑色传说，凸显了宫廷之奢靡与民众之境况的鲜明对照。到1789年，凡尔赛宫已经成为国家争论的焦点，而非波旁王朝统一的象征。

因此，在法国大革命爆发前，人们已经对凡尔赛宫在政治体系中扮演的角色产生了质疑，而当时法国的君主制已病入膏肓。第一共和国（1792—1804）建立后，有人质疑，一处为现代早期欧洲最强大的君主政体量身打造的宫殿建筑群能否与一套现代化政治体系相兼容？凡尔赛宫能实现"去波旁化"吗？在后专制主义时代，凡尔赛宫应何去何从？后续历任政府——包括第一共和国瓦解后的拿破仑帝国（1804—1814）以及复辟的波旁王朝（1815—1830）——都曾努力解决这些难题，但在极度动荡的政治环境中，均未能提出可持续方案。

最具实质性的答案来自路易-菲利普国王（1830—1848在位），

这尊精致的路易十四半身像出自意大利雕塑家和建筑师吉安·洛伦索·贝尔尼尼之手，
他于1665年应国王之邀前往法国。

他是波旁家族奥尔良分支的成员。他希望将凡尔赛宫变成一处纪念法国整段历史的场所，上自远古，下至他自己的"七月王朝"，包括各个共和国、帝国及君主国。为此，他修建了内容丰富的历史画廊，以献给"法兰西的所有荣耀"。路易-菲利普倒台后，画廊在第二共和国（1848—1852）和拿破仑三世的第二帝国（1852—1870）期间得到保留和改造，直至今日。

凡尔赛宫就这样从创造历史的地方变成了铭记历史的地方，但两个相互关联的重要时刻却让这座宫殿短暂但引人注目地回到了法国历史舞台的中央。首先是1871年，法国在普法战争中落败，路易十四著名的镜厅成了宣布德意志帝国成立的场所。在之后很短的一段时间里（到1879年），凡尔赛宫在第三共和国时期（1870—1940）一度成为国家政府的所在地。40年后，即1919年，凡尔赛宫迎来了第二个重要时刻：宣告第一次世界大战结束的和约在这里签署。作为战败国，德国的签字仪式被特意安排在镜厅中举行——这一招摇之举是法国人对1871年国耻的报复。

从那以后，凡尔赛宫同时成为共和主义和传统君主制的标志性地点。这座宫殿被纳入法国的政治主旋律，实现了共和化，甚至去政治化。在第四共和国（1946—1958）和第五共和国（1958至今）期间，它继续扮演着微小但意义重大的仪式性角色。然而，贯穿整个19世纪、曾使国家陷入分裂境地的政治辩论，已失去其意义和影响。

凡尔赛宫对当代政治造成的影响微乎其微，但很显然，这绝不是每年有六七百万游客前往参观这座宫殿及其庭院的原因。吸引他们的是凡尔赛宫遥远的历史，而非事关当下的政治。对这种吸引力的一个重要催化因素是，自19世纪末以来，一些富有远见的管理者做出了贡献，让这座宫殿扮演了一个不同寻常的角色。这些人意识到，在荣耀与影响力方面，现代的凡尔赛宫永远无法与历史上的凡尔赛宫相媲美，因此它的未来就存在于它的过去之中。但它的新角色被定位为一处记忆场所，让参观者能够以某种方式体验1789年以前宫殿最伟大的时刻及其取得的文化成就，而非路易-菲利普描绘的建立在民族主义基调上的沙文主义历史课。这种对其使命的改变涉及一系列保存、维护、商业化及富有想象力的宣传，以使非凡的历史瞬间及其相关艺术和文化成就为自己开口说话。

因此，本书分三个阶段讲述这座举世瞩目的历史古迹的故事。首先，一处没有历史的荒芜之地如何被改造成一座创造了历史的童话式宫殿（第一章）；之后，凡尔赛宫在其黄金岁月里如何运转（第二、三、四章）；最后，这座宫殿在努力尝试融入现代社会后，最终如何找到自己作为记忆场所和文化中心的使命（第五、六章）。

＊＊＊＊＊＊

肇始：从纸牌屋到童话式宫殿

路易十三的狩猎小屋

凡尔赛宫的宏伟掩盖了一个事实：它起码象征着文化对抗自然的胜利。路易十四统治期间，圣西蒙公爵（1675—1755）作为廷臣在凡尔赛宫生活了十余年，但很显然，他并非国王的朋友。多年后撰写回忆录时，他痛斥路易十四的宫殿选址决策：在他看来，那是"最令人神伤且不值得留恋的地方，那里没有风景，没有树林，没有水源，没有土壤。那里只有流沙和沼泽，所以空气也十分糟糕"。[1]水流顺着山谷两侧的斜坡淌进一片沼泽平原，其上到处是池塘和面积广阔的死水，使整片区域弥漫着危害健康且恶臭难闻的气息，尤其是在炎热的夏季。狂风也在这里肆虐，滋生出一种潮湿且萧瑟凄凉的氛围。

在路易十四出生前的几年里，"凡尔赛"仅仅是一个地理名词。那是一个人烟稀少的地方，位于加利山谷南侧，巴黎西南方约19千米处。当地历史与其地理位置一样不引人注目。2006年，在如今宫殿所在位置的南边发现了一座墨洛温王朝时期的墓葬，证明早在公元8世纪这里便有人居住，但直到11世纪中期，"凡尔赛"才见诸文字记载。这个地名来源于古法语的"versail"，意为开垦过的土地。虽然中世纪这里以密林和低洼的沼泽为主，但其实还有葡萄藤和果园，以及开阔的耕地。有处高地上矗立着一座磨坊，日后就是在那里，路易十四修建起了他的宫殿。

16世纪中期，在这座山村及其外围农庄里，可能总共只有几百个居民，住在简陋的有着茅草屋顶或石板屋顶的村舍里。这个地区位于诸多道路的交叉点，其中包括一条连接巴黎与诺曼底的主干道，当地所享的任何繁荣都归功于此。经由凡尔赛被送往巴黎屠宰的牲畜要比经由这里去往巴黎的人多得多。到16世纪中期，富有的巴黎人开始在这里投资地产。马夏尔·德·洛梅尼是一位有影响力的金融家，他在凡尔赛修建了一座庄园，并向国王请愿，希望能恩准村子每周举办一次集市，每年定期举办四次交易会。在1572年针对新教徒的"圣巴托洛缪大屠杀"中，洛梅尼在巴黎罹难，其财产落入阿尔贝·德·贡迪手中。贡迪是托斯卡纳人，时任法国摄政王太后凯瑟琳·德·美第奇的随从，由此确立了自己的地位。贡迪忙于国事，无暇顾及凡尔赛的发展，但与其家族的其他成员一样，他仍继续在那里购置地产。等到世纪之交，即法国国王开始对凡尔赛感兴趣的时候，贡迪家族已成为当地最具权势的家族。

1589年，法国的宗教战争已近尾声，在围攻巴黎的路上，亨利四世率军途经凡尔赛。也许这里令他难以忘怀，因为自1604年起，他曾多次返回此地行猎。茂密的树林使这里成为狩猎游戏的理想场所，尤其是猎杀鹿、野猪、狼和野兔。文艺复兴时期，法国国王们在圣日耳曼昂莱兴建了一座时尚的城堡，那里后来成为最受法国王室青睐的居所之一。凡尔赛与之毗邻，对进行一日狩猎来说，是一处非常合适的目的地，但亨利四世有时也在那里过夜，通常住在贡迪的庄园里。1607年，他带着5岁的儿子前往凡尔赛，进行男孩人生中第一次狩猎冒险。男孩猎到了"一只野兔，五六只鹌鹑和两只鹧鸪"[2]，而且似乎对这个地方表现出了持久的热情。

1610年亨利四世遇刺身亡后，这个男孩即位为王，即路易十三。在位期间，路易十三（1610—1643在位）饱受宗教冲突、地方起义和城市暴乱的困扰。此外，从1635年开始，法国又在三十年战争中公开与奥地利和西班牙对抗。国王投身于全国各地似乎永无休止的战争，而返回法兰西岛时，他首选的住所总是圣日耳曼昂莱。1618年前后，他开始前往凡尔赛行猎。路易十三腼腆、粗鲁，还有些歧视女性，因此在前往圣日耳曼昂莱时，他更喜欢让几名男性猎手陪伴左右。1623年，为满足自己休闲的需要，他决定在那座高地上的磨坊旁，修建一座狩猎小屋。

1624年，路易十三第一次住进了这座小房子：它位于路易十四所建宫殿的心脏地带，如今正好被凡尔赛宫的大理石庭院占据。但作为凡尔赛宫的前身，这座建筑十分简陋，算上随从也只能容纳十几个人。当时法国仍为各地方频发的争斗困扰，为了加强防御，路易十三下令在狩猎小屋周围开挖壕沟，并修筑一道高约3米、转角处建有塔楼的围墙。小屋风格略显过时：当时首都的主流是用白色巴黎石修建房屋，但路易十三的凡尔赛小屋却用红砖建成，点缀着多立克石柱，屋顶则由黑色板岩铺就。据圣西蒙说，正因如此，这座小屋才被称作"纸牌屋"[3]——拥有红、白、黑三种颜色，而且看上去十分脆弱。拆掉邻近的磨坊，小屋的情况才好了一点儿。

在许多宫廷中人看来，国王对凡尔赛的热情着实令人费解。除了丰富的狩猎活动以外，那里鲜有值得称道的地方。圣西蒙曾尖刻地指出凡尔赛的缺陷，*而若将其与巴黎卢浮宫、杜伊勒里宫，或是可以饱览塞纳河美景的圣日耳曼昂莱城堡相比，则更加相形见绌。在巴松皮埃尔侯爵看来，凡尔赛只不过是一座"微不足道的城堡"，连乡绅也不会引以为傲。后来路易十三提醒某位廷臣自己拆除了凡尔赛的磨坊，后者反唇相讥，说虽然磨坊的风车不见了，但风并没有消失。[4]夏天的臭气也是如此。但路易十三更倾向于将环境问题视为一种挑战，而非阻碍。自17世纪20年代后期起，他开始对自己的小屋进行改造，使其不仅能供人留宿，还更适宜长期居住。他还在村内及周边获得了新的地产，以此在小屋后方修建了面积广阔的花园。

1630年，凡尔赛见证了"愚人日"：一场针对路易十三的首相、红衣主教黎塞留的派系政变遭到挫败。自那之后，路易十三将圣日耳曼昂莱设为其本人和宫廷的主要驻地，他可由此前往凡尔赛或其他王室行宫避难，如枫丹白露宫或贡比涅宫，而黎塞留作为国王的首席顾问，则被安顿在吕埃尔附近。除处理一些重要国务外，这一安排使路易十三得以远离巴黎和卢浮宫——对于这二者，他都没什么好感。

1631—1634年的进一步修建，使凡尔赛宫从简陋的狩猎小

★ 见第3页。

屋，摇身一变成为乡间别墅，甚至是观光景点。1639年，克劳德·德·瓦雷纳在《法兰西之旅》（*Le voyage de France*）中怂恿前往巴黎地区的观光者们到凡尔赛参观，这是日后成为热门旅行地点的凡尔赛首次出现在旅游指南中。[5] 此外，国王也对自己的新领地极为自豪。为了向各国达官显贵炫耀，他将会面地点也安排在这里（1641年，他在这里接见了教皇的使者朱里欧·马萨里诺；一年后，后者以红衣主教马萨林的身份接替黎塞留，担任国王的首相）。路易十三也在这里款待了他的王后——奥地利的安妮，并为她修建了房间，但他从不允许她在此过夜。1641年，圣日耳曼昂莱暴发天花，为保护自己的儿子、继承人，路易十三将当时年

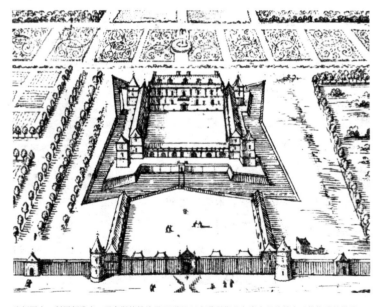

这幅图中，制图师雅克·贡布斯特描绘了17世纪30年代早期凡尔赛宫经路易十三修饰后的样子。

仅3岁的路易十四带到了凡尔赛，但即便在这种情况下，他还是下令让安妮另寻庇护之所。凡尔赛是男性的专属领地。

据说尚在婴儿时代，路易十四就对他那忧郁的父亲畏惧不已，一见到他就大声尖叫。尽管父子间早期存在这种反感情绪，孩子还是继承了父亲那种对凡尔赛的热爱，这种情感上的延续性盖过了两位君主在这处地点用途上的分歧。路易十三更青睐小规模的凡尔赛宫，沉醉于其远离宫廷的私密性、高度男性化的氛围以及堡垒般的外观。然而，1661年马萨林去世后，路易十四开始亲政，从那时起，他便致力于拆除这里的防御工事，招徕女性成员，将此地活动公开化，最终在1682年，他将整个宫廷和政府机构全部迁至此处，极大扩展了凡尔赛的规模。他将把简朴的乡间别墅改造成一座宫殿。

一座欢愉宫殿的诞生

直到青年时期，路易十四才将心思放到凡尔赛宫上。1643年其父去世时，他只有4岁，权力都掌握在其母安妮手中。她由马萨林辅佐，以摄政之名进行统治。安妮将宫廷设于巴黎，比起卢浮宫狭小的住所，她更偏爱黎塞留居住过的皇家宫殿。凡尔赛宫实际上被废弃了，在接下来的十年间一直处于破损失修的状态。1651年，在被称为"投石党运动"（1648—1652）的动荡内战中的平静期，路易十四曾造访凡尔赛。战乱才平息，他便开始更频繁地到那附近狩猎。他似乎在这座半荒废的建筑中看到了新的可能性，于1660年下令将其修葺一新，并带着自己的新王后玛丽亚·特蕾莎*前往参观。这些事件发生在他罢黜马萨林的继任者尼古拉斯·富凯前夕，这件事坚定了路易十四不再任命首相、由自己直接进行统治的决心。

1661年7月，路易十四前往富凯位于巴黎东南方约56千米、奢华的沃勒维孔特城堡参加一场庆典，在那之前，他似乎一直在酝酿这个政治策略。富凯的权势和城堡的恢宏——其建筑和园林，还有富凯为他的主人准备的盛大接待仪式——一定曾让路易十四眼花缭乱。路易十四指控富凯"奢侈得无法无天"，这坐实了他对后者不甚廉洁并且颇具野心由来已久的怀疑。1661年9月，路易十四命令皇家火枪手指挥官达达尼昂逮捕富凯，并将其投入一座永远不会释放他的监狱。路易十四已经将命运掌握在了自己手里。

如果说富凯的腐败并没有使路易十四感到惊讶，那么在造访沃勒维孔特城堡期间，真正令他大开眼界的是参与城堡设计的三位大师表现出的创造力：他们是建筑师路易·勒沃、园林设计师安德烈·勒诺特尔和画家夏尔·勒布伦。路易十四几乎立刻就让这些人加入他心目中的凡尔赛计划。在这个阶段，他的想法还有些模糊，而且凡尔赛宫仍没有吸引他的全部注意力：他还同时在

---

* 玛丽亚·特蕾莎（1638—1683）是西班牙国王腓力四世及其王后（法国国王亨利四世之女伊丽莎白）的女儿。1660年，玛丽亚·特蕾莎与路易十四成婚，并改用法语拼写自己的姓名。

下页图
沃勒维孔特城堡由路易十四不幸的财政大臣尼古拉斯·富凯建造于1658—1661年，在某种意义上，它是凡尔赛宫的前身。

推进翻新卢浮宫、杜伊勒里宫和温森城堡的重大工程。接替富凯辅佐路易十四的让-巴普蒂斯特·柯尔贝尔也在酝酿一项宏伟的计划，他准备将经过重新设计的卢浮宫打造成新巴黎的重头戏，使它的宏伟程度堪比古罗马建筑。然而很快就可以看出，路易十四对凡尔赛宫的整体规划要比他父亲的宏大、完善得多。此外，在勒沃、勒诺特尔和勒布伦这些创造力杰出的天才的帮助下，路易十四不仅希望凡尔赛宫能与其财政大臣的沃勒维孔特城堡相匹敌，还要能远远超过它。

路易十三在位时便已开始扩充凡尔赛宫周边的王室地产，终结了贡迪家族在当地的势力。路易十四沿袭了这一方针，将波旁家族的地产整合到一起，以便扩建公园和花园。1663年，路易十四带着他的王后回到凡尔赛时，此地已经开始改头换面。然而在凡尔赛宫里，王后却开始渐渐淡出人们的视线。从1662年开始，路易十四先后带着许多他中意的情妇躲到这里。1664年5月，他在宫殿的广场上举办了一场主题庆典，名为"魔法岛的欢愉"。庆典表面上是为了向其母、摄政者奥地利的安妮致意，实际上却标志着他与年轻的侍女露易丝·德·拉·瓦里埃尔的恋情开始。数百廷臣参加了这场为期三天的庆典，在勒诺特尔精心设计的园林中，上演了由莫里哀创作、让-巴普蒂斯特·吕利作曲的新喜剧芭蕾《埃莉德公主》（*La Princesse d'Élide*），还举办了马上比武、舞会、露天表演、烟火表演以及奢华的烛光晚宴。

17世纪60年代中期，节庆活动有所减少，因为1667—1668年的遗产战争占据了国王的大部分精力。但军事上的胜利进一步助长了路易十四扩建和装潢的欲望。为庆祝胜利，他于1668年举办了一场铺张奢华的庆典，即王室盛典，庆典上演出了更多莫里哀和吕利的作品（他计划以此向自己的新情妇蒙特斯潘夫人致意）。路易十三的狩猎小屋就这样被改造成一座供人娱乐的宫殿，路易十四在这里可以尽享欢愉。

主持凡尔赛宫的扩建是个令人忧心的过程。路易十三最初修建的城堡已经年久失修，王室顾问都认为继续保留它不现实，但国王寸步不让，对他来说，那里承载了他对父亲的回忆，而且如果彻底翻修的话，会让凡尔赛宫在一段时间内无法使用。他威胁说，"出于对城堡的感情"，即便它被彻底拆毁，"他也会原封不动地将它重建起来"。[6]对此，建筑师路易·勒沃提出了巧妙的解决方案：不仅保留最初的城堡，还要大幅扩建其规模，环其三面新建大量布局松散的建筑，围起两座新的庭院。这组被称为"信封"的建筑在设计中更多采用了古典主义风格，因此有人批评说，这座砖瓦结构的宫殿已经过时得可笑。勒沃的"信封"由此将路易十三的狩猎小屋作为一种象征保留了下来，并使其事实上成为日后进一步扩建的建筑群的中心。大约也是从这个时候起，路易十三时期空旷的小院子被铺上了大理石，并得名"大理石庭院"。

这段时期的扩建潮在一定程度上是功能性的。勒沃的"信封"开辟的新空间，使修建更多住宅、容纳更多住客成为可能。此外，大理石庭院两翼起初承担服务性职能的建筑（厨房、马厩、

行政办公室）向外进一步扩展，形成了一个更大、更宽敞的新庭院，即皇家庭院。扩建也让大臣们获得了自己的空间：路易十四意识到自己在凡尔赛宫逗留的时间足够长，需要大臣随侍左右。1670—1672年，城堡的前庭兴建了四座楼阁式建筑。到17世纪70年代后期，它们被连接在一起，组成两排占地广阔、向前突出的建筑群，即"大臣翼楼"。

除了这些务实的新安排，宫殿装饰的宏伟和王室的休闲需求也被置于优先考虑地位。路易十四对城堡装潢的改变给来访者们留下了深刻印象。例如，在1670年到访后，弗勒里主教认为凡尔赛"甚至比罗马更宏伟、更美丽"。[7]国王对异域风情的偏爱也越来越明显：1663年，勒沃建造了一座橘园，用于栽培一系列外来植物（其中许多移栽自富凯的沃勒维孔特城堡），还有一座用于展示来自世界各地飞禽走兽的动物园。1668年，路易十四买下了凡尔赛属地内的特里亚农村，拆除当地建筑，迁走居民，下令让勒沃在那里建造一座单层的避暑宫殿，用来"在酷热的夏季度过一天中的几个小时"。[8]这座建筑在设计中自然而然地采用了东方风格，外表镶砌着青花瓷砖（这些瓷砖实际来自荷兰代尔夫特和法国外省的工场），这座单层宫殿因此也被称为"特里亚农瓷宫"。*

路易十四自17世纪60年代以来推行的建筑、装潢和土地开发计划耗资不菲。如此规模的资金被投入凡尔赛宫，意味着用于

---

* 这座宫殿的设计参考了南京的巨型瓷塔（在19世纪惨遭摧毁）。

作为国王的首席画师，夏尔·勒布伦为年轻的国王绘制了这幅风度翩翩的肖像。

其他重要计划的资金就会相应减少，为此，路易十四的得力助手柯尔贝尔不止一次指责他的主人。1662 年，柯尔贝尔声称，路易十四的计划不过是"拼凑"而已。他坚持认为，凡尔赛宫"在供陛下享乐方面发挥的作用远大于为他增添荣耀的程度"："如果以凡尔赛宫作为衡量最伟大、最正直的君王的标准，那该是何等的耻辱！"相比之下，他对卢浮宫的感情则截然不同，认为那是"有史以来最宏伟的宫殿"。1665 年，他将意大利著名雕刻家和建筑师吉安·洛伦索·贝尔尼尼带到巴黎，计划为卢浮宫设计一个新的东方式外立面，却从未实现。[9]

　　路易十四拒绝——或者说忽视了——柯尔贝尔的意见。他对巴黎显而易见的冷漠或许可以追溯到"投石党运动"时期，这座城市曾经让他和他那摄政的母后深切体会到耻辱：他实际上曾被反抗皇权的叛乱者囚禁在那里，先后两次。"投石党运动"平息后，路易十四的母后将位于首都的皇家宫殿设为王室驻地，但路易十四在 1661 年将这里赠予了自己的弟弟奥尔良公爵菲利普。与此同时，整修卢浮宫和杜伊勒里宫的工程也开始启动，旨在扩大它们的规模，并使它们更适于居住。但路易十四却在此时迁至圣日耳曼昂莱城堡，以便更频繁地前往凡尔赛宫，尤其是在夏季（虽然他也会长时间住在枫丹白露宫，并不时前往香波城堡等位于卢瓦尔河谷的驻地）。1666 年，国王最后一次在巴黎过夜，此时距其统治结束还有近五十年的时间！主要出于仪式性目的的日间到访还在继续，但变得越来越少，1682—1715 年，国王只到访过巴黎八次。

爆发战事时，路易十四也会离开法兰西岛亲赴前线。1667—1668年的西班牙遗产战争结束后，路易又在1672—1678年发动了法荷战争。国王着实需要一段连续的和平时期，以监督自己设想的凡尔赛宫改造计划。他碰巧得到了这样的机会：1678—1688年的法国处于和平之中，这安定的十年足以让路易十四对凡尔赛宫的规划开花结果。

君主制的中心

1677年，一向神秘的路易十四向世人透露，凡尔赛宫将同时成为其宫廷和政府的所在地。这座城堡没有失去它先前作为狩猎小屋和享乐场所的功能，不仅如此，由于路易十四对狩猎的热衷，凡尔赛宫在之后的许多年里还会以各类盛大庆典而闻名。路易十四的声明标志着其思想上的重大突破。1677年之后的五年里，人们花了大量时间进行各种准备，力图将凡尔赛宫打造成君主制的中心以及政府的控制中枢。这将涉及大量政府机构及整个宫廷（而不仅仅是某些特定成员），他们需要搬迁、安置于此，适应这里的生活，享受这里的欢愉。

为完成这项工程，路易十四可以依靠勒布伦和勒诺特尔的长期指导，这二人此时正如日中天，而最初"三人组"中的另一位

下页图
这幅由皮埃尔·帕特尔绘制的全景图展示了1668年，野心勃勃的年轻国王已经将其父的城堡扩展到了何种程度。

建筑师勒沃，已于1670年去世。一位同样富于创造力且具有影响力的专家朱尔斯·阿杜安-芒萨尔接替了他的工作。在重塑凡尔赛宫、赋予其新使命的任务中，芒萨尔将做出影响深远的贡献。

凡尔赛宫的扩建为展示王室威仪提供了便利。路易十四年轻时仰慕亚历山大大帝，对其军事成就钦佩不已，因此在凡尔赛宫的早期装饰中参考了这位希腊统帅的风格。但1662年，路易十四选择了太阳作为自己的象征，这是生命的主宰和宇宙的中心。在路易十四看来，那代表着"至高无上且最完美的君主形象"。[10]象征着太阳及太阳神阿波罗（也是和平与艺术的守护者）的形象开始出现在王室领地各处。1662年，勒布伦被路易十四封为贵族，两年后成为国王的首席画师，他和他的团队一起，在城堡北翼国务厅的中心布置了华丽的阿波罗厅。其他一系列供举行仪式用的礼堂也都以围绕太阳运转的行星命名（如维纳斯厅、玛尔斯厅等）。文物收藏家（也是王室的谄媚者）安德烈·费利比安于1674年盛赞无处不在的太阳意象："既然太阳是国王的象征而诗人们又将太阳与阿波罗联系在一起，那么这座宏伟宫殿中的一切都与这种神性紧密相关。"[11]路易十四的欢愉宫殿正在变成一座太阳圣殿。

对太阳的痴迷在城堡的园林中也体现得很明显。这方面最突出的例子是17世纪60年代在城堡一座水库附近修建的忒提丝洞。作为王室的私家浴场，这里用贝壳、石块和镜子碎片装饰，勾勒出太阳神阿波罗在穿越天际的旅程的最后，在忒提丝（海洋女神，海神俄刻阿诺斯之妻）的水域中沐浴的画面。园林正中的主喷泉

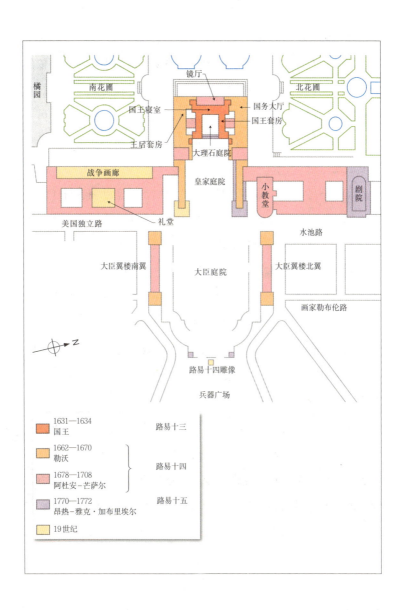

橘园
南花圃
北花圃
镜厅
国王寝室
国务大厅
国王套房
王后套房
大理石庭院
战争画廊
皇家庭院
小教堂
剧院
礼堂
美国独立路
水池路
大臣翼楼南翼
大臣庭院
大臣翼楼北翼
画家勒布伦路
Z
路易十四雕像
兵器广场

1631—1634
国王
路易十三

1662—1670
勒沃
路易十四

1678—1708
阿杜安-芒萨尔

1770—1772
昂热-雅克·加布里埃尔
路易十五

19世纪

也展示了阿波罗的形象。

尽管存在这些寓言性质的幻想，路易十四的想法本质上依然务实且实用。作为长远规划的重要组成部分，他意识到要想让其王权在凡尔赛宫的恢宏展演永不落幕，就必须大力扩充支持体系和服务部门。为实现这一目标，他对从前的凡尔赛村进行了量身定制的改造。

经过路易十三和路易十四的兼并收购，王室已拥有村庄及周边大部分土地，因此他尽可以在这里放开手脚。勒诺特尔规划了三条宽阔的林荫大道，起于城镇东侧，以凡尔赛宫为交汇点。这些道路以国王在巴黎被拆除的城墙原址上修建的林荫大道为模板——但事实上，首都要到200年后才能拥有一条像巴黎大道一样宏伟的道路，这条大道宽约90米，位于城镇中心，直通凡尔赛宫。*呈直线分布的街道和广场将整个区域分割成若干小块，国王鼓励利用这些地块为高级贵族兴建新的私人住宅（尤其还有旅店）。

凡尔赛宫需要贵族，也需要工人。在路易十四的鼓励下，城堡北面建立起一片新的社区，供由建筑工人和各种工匠组成的移民大军居住。柯尔贝尔受命收购、拆除破旧的房屋，同时鼓励兴建新的建筑。根据1671年的一份皇家特许状，只要使用经过批准的建材建造一座与城堡高度、风格均相称的住宅，任何来到凡尔

---

* 建成于1854年的福熙大道（后更名为皇后大道）是巴黎第一条超过上述宽度的道路。

赛的人都能获得一块住宅用地，以及一系列奖励津贴。为了在城堡南面兴建大型行政街区，原先村庄中的圣朱利安教区教堂及其附属建筑都被拆毁。这片区域将围绕城堡重建，并新建圣路易教区教堂（如今已成为大教堂），而北部地区则围绕新的圣母教区进行重建。到路易十四统治末期，凡尔赛已拥有约45000人。

这种规模的扩建意味着到17世纪80年代，凡尔赛宫已不再像路易十三修建的狩猎小屋那样，孤零零地矗立在一片荒野之中。新的建筑遍布城堡南北两侧，城堡后面、向西的区域也有了可观的发展。路易十三曾在密林中开辟出一片相当大的区域，用于建设公园和花圃，这需要对当地丘陵和沼泽进行治理。路易十四着手进行大规模的土地平整工程，使用了通常在修建防御工事时才会用到的军事工程技术。很快，那座曾经矗立着一座风车的小丘就消失得无影无踪，那风车的扇叶曾透过城堡的窗户向房间里投下阴影。或平整或修成阶梯状的土地为修建园林提供了完美的环境。1668—1672年，这片土地上种下了大约13万棵树木。

然而，这些园林以及庞大的宫廷和毗邻的、迅速扩展的服务性城镇需要大量水源。可是在这样一片贫瘠的土地上，人类要征服自然的难度可想而知，这就凸显出一个不容忽视的大问题。奇怪的是，考虑到该地区土地的含水量极高，水竟然在这里成了一种稀缺资源。水源供应不足也始终是凡尔赛的致命弱点。没有任

下页图
从橘园向南望去，目光越过许多华丽的花坛，可以看到瑞士人湖。
这是为附近的皇家菜园提供了水源的巨大湖泊。

何大河流经凡尔赛所在的加利山谷，只有几条小溪流。路易十四让他的工程师排干沼泽中的水，利用当地水道修建了许多大型水库。工程师们通过熟练建造水泵和水车，布置地下沟渠和管道，为自然环境的改善提供了助力。紧挨城堡南侧的沼泽地（被戏称为"臭水塘"）被排干，以便为在1678—1682年修建于此的皇家菜园，以及附近被称为"瑞士人湖"的巨大湖泊提供水源。★

然而，人们很快就发现，水源短缺的问题无法在当地得到解决，必须去更远的地方找水。17世纪60年代后期，人们在于巴黎汇入塞纳河的比耶夫雷河上修筑水坝，从而为凡尔赛提供水源，这一技术后来也被用在了其他地方。此类工程中最臭名昭著的是在马尔利勒鲁瓦附近对塞纳河进行导流，那里距凡尔赛约9千米，而且问题更大的是，地势比凡尔赛低约150米。这一工程学挑战始于17世纪80年代，造就了被称为"马尔利机器"的规模宏大、构思精妙的水泵系统，但其取得的成果却微不足道。然而，在马尔利工程的鼓舞下，路易十四开始考虑另一项野心勃勃的计划：从80千米外的厄尔河引水。这一想法被证明是极为荒唐的，并在1688年法国再度卷入战争后被迫搁浅。

1701年，一名叫埃利斯·韦里亚德的英国人到访凡尔赛，评论说他"没法不佩服将这么多钱花在美化一片沼泽地上"。[12] 这是一种带有讽刺意味的恭维。凡尔赛缺水的问题从未彻底得到解决，

★ 得名于开挖该湖的瑞士卫队。

对当地存在的不利条件，圣西蒙和其他人的抨击给路易十四的权力展演蒙上了一层久久不散的阴影。即便如此，在许多人看来凡尔赛工程面临的严峻环境问题，事实上是慢性而非急性的，当1682年宫廷迁至凡尔赛时，这些问题大都得到了解决。

柯尔贝尔曾经向路易十四指出："除了光辉的胜利，没有什么比建筑更能体现君主的庄严与智慧。"[13]路易十四完全没有辜负这句含蓄的劝告。在同时代的人看来，路易十四在凡尔赛取得的成就更加引人注目，恰恰是由于（或多或少）他在这一过程中解决的实际问题的复杂程度。甚至连圣西蒙也勉强承认，路易十四"乐于利用艺术和财富掌控并驯化自然"。[14]路易十四那童话般的城堡，像被施了魔法一样突然矗立在贫瘠的土地上，使他越发声名显赫。在他本人以及许多同时代的人眼中，这些有目共睹的奇迹使其在17世纪70年代获得的"路易大帝"之称更加当之无愧。

下页图
皮埃尔-德尼·马丁设计于1723年的"马尔利机器"被视为技术奇迹，但事实上它完全无法满足凡尔赛的用水需求。

* * * * * *

神化：黄金岁月（1682—1715）

1682年5月5日—6日，路易大帝将其宫廷和政府迁至凡尔赛，标志着凡尔赛宫这个经久不衰的神话的诞生。从那时起，直到今日，王室宣传者、历史学家和艺术鉴赏家对这座宫殿发出了无尽的颂扬。然而，这个神话的构建却不像人们通常认为的那样简单。路易大帝的宫殿并非像雅典娜从宙斯的大脑蹦出来时一样，刚一诞生就已完全成形。学识渊博的语言学家有时会宣称巴黎卢浮宫的名字源于"工作"（l'oeuvre）一词——意味着它永远不会完工，而是始终处在建设之中。路易十四的凡尔赛宫也是如此。它是妥协与磋商、修补与改正、新的方向和深思熟虑的产物。以王室礼拜堂为例，在小教堂最终于1710年（路易十四去世前五年）被安置于北翼之前，它曾在宫殿周围被先后四次更换地点。此外，国王的某些计划——例如修建一座歌剧院——从未实现。工程时断时续，有时是因为国王的心血来潮，有时是受到战时国库情况的影响。路易十四的想法始终在变化，时常迫使工程停滞，然后按照新的方向重新开始。宫殿里挤满了建筑工、装修工等各类工匠以及廷臣和政府职员。帕拉丁公主是路易十四之弟、奥尔良公爵菲利普（他在这里生活超过30年）的第二任妻子，她因沮丧而夸大其词地抱怨道，在这里找不到任何一个"没有被改造过十次"的地方。[1]在超过半个世纪的时间里，凡尔赛宫或许都是欧洲最大的建筑——1715年国王去世时，这里依然没有彻底完工。即便如此，从1682年至1715年国王去世，这段时间无疑是凡尔赛宫的黄金岁月，它的形态和辉煌光芒于此时形成，令今天的参观者和游客无比惊艳。

一座综合建筑的剖面

17世纪晚期，游客们沿着宽阔的巴黎大道，经由一道小斜坡走向凡尔赛宫时，目光总会被位于正中的大理石庭院吸引。这最初的一瞥无意间成了对凡尔赛宫起源的致敬。庭院的轮廓与路易十三的狩猎小屋完美重合——他的儿子坚持将这座小屋作为自己宫殿的焦点。红（砖）、白（大理石和石块）、青黑（瓷砖）三色的组合重现了人们当初对路易十三的小屋的评论，说那不过是一座"纸牌屋"，*庭院两侧建筑的设计也采用了同样的方案（直至18世纪末19世纪初，后者才被改造成拥有石质外立面的新古典主义风格建筑）。†

从17世纪70年代后期开始，建筑师朱尔斯·阿杜安-芒萨尔彻底改造了路易十三的狩猎小屋朝向大理石庭院那侧的古朴外立面，用半身塑像和时钟组合对其加以装饰——每一座都饱含政治寓意和寓言信息。每当时钟敲响，钟里都会出现一座路易十四的塑像，头顶由女神赐予的桂冠。露台也是芒萨尔的创意，它位于国王晚年的寝室，那个房间处在宫殿正中央，使已薄西山的"太阳王"能够再次"壮丽日出"。露台还让他能和蔼可亲地俯瞰人群，例如，巴黎市场上的女贩和渔女代表在各种仪式性场合会来到大理石广场，向国王表示祝贺。这样的会见象征着一种原则，就像路易十四教导儿子时说的那样，"臣民能够轻易而自由地面见国王"是法国君主制中

---

* 见第一章，第5页。

† 见第三章，第62~63页。

著名的大理石庭院位于建筑群的正中央。

一个古老而奇异的特点——他希望凡尔赛宫永远遵循这一点。[2]

通过巴黎大道，参观者可以走近宫殿建筑群宏伟的大门，后者位于芒萨尔完成于1681年的两片华丽的马厩区域之间。在大道右侧，大马厩中容纳着仪式用车马和王室坐骑，还有马术学校以及培训王室侍从的学校；左侧的小马厩则用于饲养驮马，其中还建有一座打制马蹄铁的作坊。通过两座马厩之间的道路，任何衣着得体的人（乞丐、僧侣、妓女以及新近感染过天花的人被明确排除在外）都可以进入宫殿大门，经由开阔的阅兵场（兵器广场）来到位于宫殿前的大臣庭院。大臣庭院被从宫殿正面左右两侧延伸出来的两排建筑围起，王室大臣的办公场所就位于其中。这一建筑结构有部分在相当程度上遮掩了内庭建筑沿园林向南（入口左侧）北（入口右侧）两翼的拓展。*

穿过大门的参观者将进入皇家庭院。在这里，如果他们携有象征身份的佩剑（如果有必要，他们可以现场租一把），便可以进入宫殿及其庭院。进入之后，他们也许会看到国王或王后正要前往礼拜堂进行每日弥撒，或者在园林中运动健身。路易十四以高度有序且仪式化的方式制定了凡尔赛宫的日程安排，就像他事无巨细地管理宫中其他一切事务一样。†尽管只有被选中的廷臣才有资格见证其中某些仪式——特别是晨起仪式和就寝仪式，即国王一天的开始和结束时刻——但公众都被允许参加其他仪式，包括

---

* 直到17世纪80年代末，芒萨尔才完成了这些工程。

† 这一点将在第四章中述及。

所谓的"盛宴仪式",即国王享用晚餐的时刻。正如这些例子所揭示的,在凡尔赛宫里,参观者并非宫廷生活的参与者,而是旁观者。他们的任务是瞪大眼睛,然后表示惊叹。

进入宫殿的游客都不会错过宏伟的镜厅。起初这里是勒沃设计的一处敞廊,用于俯视园林的景色,但并不成功:敞廊只能在夏季使用,而且缺少遮挡。一项精心计划的改造工程就此展开。1678年,芒萨尔建造了镜厅,在接下来的五年里,大量画师、雕刻家以及熟练工匠对这里进行了装潢。镜厅长约73米,两端分别与设施完备的战争厅及和平厅相连。镜厅中装饰有昂贵多彩的大理石、银制家具、由布勒*制作的精美镶嵌工艺装饰品以及拼花地板,墙上一面从天花板直抵地板的巨大落地镜更是巧夺天工,这使法国的工匠们能够向之前主宰玻璃制造业的威尼斯大师发起挑战。天花板上,国王的首席画师夏尔·勒布伦绘制了一系列画作,描绘了国王从1661年掌权到1678年签署《奈梅亨条约》的十八年间取得的胜利。这些画作需要获得皇家议事会的核准,因为其中有些成员担心(或许他们是对的)画中表现出的强烈必胜信念会引发其他欧洲强国的误解。

从美学角度来看,勒布伦在天花板上的画作标志着一种重要的象征性转变。此前在凡尔赛宫里,路易十四对伟大的诉求主要通过与神话人物的类比或对太阳形象的象征手法进行表达。然而,如今

---

* 安德烈–查尔斯·布勒(1642—1732)是一名家具工匠,曾多次出色地完成路易十四交给他的任务。他有四个儿子成了皇家工匠。

下页图
镜厅(当时通常被称为大画廊)很快成为凡尔赛宫里最著名且最令人赞叹的代表性场所之一。

神化:黄金岁月(1682—1715)　　37

路易十四本人开始成为每幅图像的主宰（尽管他的衣着搭配不可思议：穿着罗马式盔甲，四肢裸露在外，头戴假发，身披带有鸢尾花图案的斗篷）。从神话到历史的转变意味着路易十四正将自己提升至传说的地位。此外，位于中心的画作名为《国王亲政》，以纪念他在1661年除掉富凯后，决定不再设立首相一职，而由他本人直接进行统治。路易十四就这样无可辩驳地成为凡尔赛宫的中心。

尽管路易十四鼓励在凡尔赛宫中营造开放且平易近人的氛围，但森严的等级制度却是不容置疑的铁律，要想接近王室成员，必须遵守各类不成文但严格的规定。国王套房平时允许参观，但在特殊场合及国王为廷臣举办私人晚宴（被称为"宫廷夜宴"）时则禁止外人入内。同样，在相对没那么正式的场合，只有宫廷中与国王最亲近、最受信任的成员——国王的家庭成员、德高望重的贵族，或许还有一些受垂青的狩猎伙伴——才有资格出席。私人住宅同样不允许随意入内。王室住宅因此被分成两部分：用于展示和在正式场合接待贵宾的国务套房，以及一系列相对较小且更加私密，能给国王"家"的感觉的房间。但离群索居并非路易十四的本性。有次王后向路易十四抱怨，请他允许自己不去参加某场舞会，路易十四严厉地回答："我们与普通人不一样。我们本身完全属于公众。"让·德·拉布吕耶尔是一位描写宫廷生活的讽刺作家，正如他曾提到的，"国王什么都不缺，只是没法享受私人生活"。[3]

如果路易十四认为在某种程度上他本人首先属于公众的话，

夏尔·勒布伦绘于镜厅天花板的画作描绘了1661年大权独揽的路易十四，该画作题为《国王亲政》（*Le Roi gouverne par lui-même*）。

他还坚信，居住在凡尔赛宫的廷臣们生活中一切有价值的东西都要归功于他这位当政的君主。王室宫廷并不是什么新鲜事物——国王们从很久以前就拥有了宫廷，即便许多仪式和礼节直到文艺复兴时期才开始出现。但路易十四在凡尔赛宫所做的一切事实上具有真正的开创意义：他计划将宫廷打造成一个即便是其最强大的臣民也会认为有必要出现的地方，而且如圣西蒙指出的那样，还会让他们觉得"不在其中的确是一种耻辱"。意大利使者普里米·维斯康蒂在17世纪70年代时曾经写道："廷臣们对吸引国王注意力的痴迷程度令人难以置信。"[4]

有三个因素使廷臣们如此急切地渴望融入新凡尔赛宫。第一，宫廷是国家资助的主要来源，出现在新的宫殿中被视为获得王室垂青的必要条件。这涉及荣誉和收入两个方面。此外，耗资不菲的宫廷生活使高级贵族们越发依赖国库的资助。第二，宫廷提供了一种令人兴奋且无可比拟的社交和文化生活。*第三，路易十四为他们提供了住所，而开支由国家承担。起初，路易十四鼓励高级贵族迁居凡尔赛，旨在让他们在城镇中修建宅邸。在17世纪70年代和80年代初期修建马厩时，其实摧毁了几座位于宫殿大门对面的贵族宅邸。虽然许多廷臣都保留了城镇中的居所，但理论上所有政府和王室官员都应住在宫殿及其附属建筑中。廷臣们是凡尔赛宫的免费宾客。

凡尔赛宫的模式越成功，它需要的空间就越大，特别是在如

★ 见第四章，第92页。

今政府各部门也都位于宫殿之中的情况下。为了提供更多房间，一系列建筑方案随即开始实施。这就是勒沃设计"信封"*背后的动机，它将城堡包围起来，使其可使用的空间扩大至原来的两倍多。芒萨尔继续了这一工程，在1679—1682年修建了南翼建筑，后来为满足对称性需求，又在17世纪80年代后期修建了完全相同的北翼建筑。迁走服务性机构也腾出了一些居住空间。以皇家庭院两翼为例，那里在17世纪60年代曾是马厩、厨房和办公室的所在地。后来马厩被迁至巴黎大道上的新址，同时在南侧大臣翼楼后方修建起一座庞大的四边形建筑，作为行政人员和服务机构的驻地，并提供更多居住场所。有了这些庞大的新建筑，很显然，路易十四已经将凡尔赛宫打造成一种新的君主制机构：政府的核心、艺术和建筑杰作，以及高级贵族的居所。

公园与园林

凡尔赛宫有两副不同的面孔。任何沿巴黎大道从东边城市方向接近它的人，都会立刻注意到当初路易十三留下的建筑痕迹。尽管进行了一些现代化改造，建筑外立面整体上依然以三种颜色为主：红、白、蓝。但对那些成功通过门岗检查、冒险进入园林的参观者来说，一座截然不同的凡尔赛宫将展现在他们眼前。路易·勒沃在其"信封"结构西侧采用的风格（后来被芒萨尔在镜

★ 见第一章，第13~16页。

厅外部及两翼建筑外立面的设计中加以延续）更加奉行古典主义信条：石头代替了砖块，而且在装饰性的栏杆后面看不到屋顶。宫殿的宽度无与伦比，从城镇的方向看，有些部分被遮住了，但从园林一侧看却一目了然：被"信封""包裹起来"的原始城堡与两翼建筑的长度加起来超过400米。从园林中的有利位置看去，宫殿气势宏伟，令人无法忽视，毗邻的公园横跨辽阔的土地和波光粼粼的观赏性水域，一直延伸至远处的地平线上。

园林散布在路易十四及其父通过购买和兼并获得的土地上，被称为"大公园"。这片区域面积达150平方千米，包含二十几个村庄，人口数千，外面环绕着一道高约3米、长约40千米的围墙，围墙上共设24个出入口。*路易十三最初来到凡尔赛是为了狩猎，而大公园正是他及其后人的猎场。在大公园广阔的土地上，路易十四圈出了所谓的"小公园"。面积约17平方千米的小公园虽然在设计上不及靠近宫殿的正规园林华丽严谨，但被打理得比大公园更整齐，带有更多人工修饰的痕迹。

从镜厅可以欣赏园林的正面景观，通过对自然的征服（小公园），能够实现从人工（园林）到自然（大公园）的视觉转换。小公园里最具视觉冲击力的当属"大运河"。这条十字形水道纵向长约1.6千米，横向稍短，与中央大道连成一条直线，以站在镜厅正中央的观察者视角来看，它将园林平均分成了两部分。运河的

---

* 相比之下，如今巴黎的环城大道只有36千米长。

宽度和深度足以承载各种船只，包括大帆船、贡多拉（来自威尼斯总督的礼物）、那不勒斯三桅小帆船、英式游艇、荷兰驳船以及法国战舰的复制品。运河旁边有一座被称为"小威尼斯"的村庄，是造船工人及其家属居住的地方。

安德烈·勒诺特尔是凡尔赛宫整体景观的总规划师，大运河正是他的杰作。他是一位强势人物，获得了国王本人的友谊和尊重（国王还会深情拥抱他以示问候，这极不寻常），从城镇方向通往宫殿的"林荫化"大道也是他的手笔。他还确保园林不必沦为宫殿的附属品，而是其设计与影响中必需的一部分。园林的重要性很早就被确定下来：事实上，凡尔赛宫早期历史上最光辉的时刻正是那些田园牧歌式的节庆活动，如1664年举办的"魔法岛的欢愉"和1668年举办的"王室盛典"，都展现出园林的魅力。

园林与宫殿内部一样，在设计上都采用了古典主义风格。正如我们曾经提到的*，它们还呼应了路易十四统治早期阶段中十分重要的太阳意象。作为早期例子之一，忒提丝洞沦为宫殿扩建的牺牲品，为修建北翼建筑而在17世纪80年代遭到拆毁。但洞内的一些雕像被移到主园林里的一片小树林中，那里也因此被恰如其分地称为"阿波罗浴池林"。此外，园林四周还有许多能体现出"太阳"意象的装饰细节（其他的主题，如战争与和平，都明显地体现在战利品雕饰及装饰性花瓶上）。

★ 见第一章，第20页。

1679年，路易十四派勒诺特尔前往至今被视为园林设计最高水平的意大利，择优挑选创意，以应用到凡尔赛宫中。考虑到后者当时已逾六十高龄，路易十四对园林的重视可见一斑。勒诺特尔回来后，与国王的艺术团队中其他主要成员密切合作，其中包括路易十四的大管家让-巴普蒂斯特·柯尔贝尔、夏尔·勒布伦以及朱尔斯·阿杜安-芒萨尔。自17世纪60年代起，喷泉成为国王热衷的事物之一。在布置喷泉并维系其运转方面，最著名的水利工程师是佛罗伦萨的弗朗西尼家族的成员们，他们也扮演了重要角色。凡是到访凡尔赛宫的人，无不震惊于喷泉的数量之多、种类之丰富，以及水柱喷射的高度之壮观。

勒诺特尔确保凡尔赛宫的园林能展现出一种在波旁王朝统治下的迷你王国中受到规训的自然景观，这便是日后席卷欧洲的"法式园林"的原型。它们沿着作为中轴线的大林荫道对称分布，大道将整个园林分割开。以此为基础，几何形状的花坛与花圃之间笔直延伸出条条小径，在箱形树篱和修剪过的灌木丛的衬托下，各种鲜花争奇斗艳。对自然的严格控制在某些地方稍有放松，特别是在小树林和矮林区域。这些受到限制的模块化空间里，在液压控制作用、雕塑、奢华庆典、园林装置的影响下，多种艺术表现方式与植被巧妙地结合在一起。虽然严格的塑形和修剪无处不在，但其设计意图都是以其表面的自发性制造惊喜，激发游客兴趣，令人感到赏心悦目。以"迷宫丛林园"为例，这是一座迷宫，其中共有39座微型喷泉（1778年被"王后丛林园"取代）。"柱廊丛林园"由许多爱奥尼亚式柱组成；"舞厅丛林园"中，环绕着舞池，巧妙布置了一系列瀑布。从 17 世纪 80 年代开始，特别是在芒萨尔进一步掌握了设计丛林园的权力后，太阳意象逐渐减少（凡尔赛宫内部也是如此），设计中更多参考了历史与自然方面的内容，而非神话、寓言和宇宙。因此，"凯旋丛林园"中修建有一座袖珍凯旋门和一座喷泉瀑布，以纪念国王取得的军事胜利。

园林之中，各丛林园内外布置着大量雕塑，其数量之多、质量之高同样使许多参观者深受触动。人们用石头、铁、铅和其他材料雕出了一百多座塑像，从古老的样品到当时最杰出的艺术家的作品，把园林打造成一座巨大的露天雕塑博物馆。虽然许多雕塑独立存在，但它们通常还是会成为水文景观和丛林园不可分割的组成部分。例如，参观者从镜厅沿大林荫道远眺，便可看到著名的拉托娜泉池。这是一处综合性水景，泉池正中央矗立着阿波罗之女拉托娜的雕塑，四周环绕着数十座其他雕塑。向更远处望去，呈直线排布的草坪一直延伸至大运河畔。其正前方坐落着阿波罗泉池，池中的阿波罗雕塑雄踞战车之上，象征着太阳的冉冉初升。

1689—1705 年，国王先后撰写了至少六版参观指南——《凡尔赛园林的展示方式》（*Manière de montrer les jardins de Versailles*）[5]，足见其对凡尔赛园林的垂青。他几乎每天都徜徉其间，17 世纪 80 年代，痛风限制了他的行动能力后，他还专门定制了一辆小轮椅。参观者对园林的看法与对宫殿本身的一样，似乎都得遵循路易十四的规定。指南中并不包括邀请人逗留或做白日梦的请柬，也禁止嬉

戏、野餐或垂钓。参观者来到这里，是为了受到触动并表达赞美：因此，出于对国王命令的服从，他们在园林中的行程应该轻松愉快、秩序井然又满怀敬意。

参观者目睹的壮观景象旨在突出国王的权势，并展现丰富甚至过多的人文与自然景观。从古至今的艺术天才们的杰作，以令人眼花缭乱的阵势和形式，似乎想仅在这一个地方就浓缩并重现整个西方文化的精华。自然景观也受到人类智力的控制，以不可思议的形式呈现在人们面前。水——如我们所看到的，是凡尔赛一个问题很大的因素*——也经过治理和引导，迷人的水景成了凡尔赛宫的点缀。土地也被改造成规整的几何形地块。动物园中豢养着来自世界各地的飞禽走兽——鸵鸟、火烈鸟、大象、骆驼、狮子、鹦鹉、瞪羚（到18世纪，这里还会有一头犀牛）。花坛栽满了从法国各地搜集来的奇花异草，包括诺曼底的水仙、普罗旺斯的玫瑰、朗格多克的枫树。1686年，芒萨尔设计的新橘园取代了之前勒沃的版本，里边种满了来自世界各地的异国果树（顺便展示了法国全球贸易的影响范围），这里还是欧洲最大的橘树种植地，共有2000棵橘树。此外，皇家菜园会在春季提供无花果，在圣诞节供给草莓。看起来，自然已经屈从于波旁王朝的意志。

★　第一章，第26~27页。

让·科泰勒于1688年绘制的《水上剧院丛林园》(*The Bosquet du Théâtre d'Eau*)，以由弗朗西尼家族的水利工程师设计的众多喷泉中的一部分为画作特点。该地可用作露天剧场。

一个时代的终结

随着时间的推移，种种迹象表明，路易十四开始对自己安排的无休止的宣传任务，以及如潮水般源源不断涌入凡尔赛宫和庭院的参观者感到厌倦。1685年，园林经路易十四下令，不再接纳公众，直到1704年才重新开放。＊早在1679年，甚至在宫廷正式迁往凡尔赛宫前，他已经开始忙于另一项重要的新工程，即在马尔利修建一座城堡，作为使他和少数被选中的最亲近的廷臣更放松的休闲场所。马尔利城堡坐落在大公园附近，距凡尔赛宫超过8千米。离得更近的是路易十四于1670年规划的蓝色"瓷宫"——特里亚农宫，被他用作避暑别墅。1687—1688年，芒萨尔受命将其拆毁，在原址上重建一座更加辉煌的建筑，这就是大理石特里亚农宫，即后来的大特里亚农宫。路易十四对其华美的园林倾注了大量心血，后者则因所展示花卉声名远扬。

新特里亚农宫的装饰并没有人们预想的那样奢华，而是更具新意地侧重于轻松明快的风格，尤其善于运用镜子和白色油漆，这既有经济上的考虑，也是出于审美方面的选择。早期凡尔赛宫繁复、奢华、多彩的外观已逐渐落伍。国库也日益吃紧，除了凡尔赛宫的主体建筑和园林，修建马尔利城堡和特里亚农宫所需的巨额经费更让处于欧洲战争中的法国雪上加霜。1679—1688年，十年的和平岁

＊ 值得注意的是，旅行账目表明，关闭园林的命令并未彻底得到执行。参见杰伦·杜达姆（Jeroen Duindam）《维也纳和凡尔赛：敌对的欧洲宫廷，1550—1780》（*Vienna and Versailles: The Courts of Europe's Dynastic Rivals*，*1550—1780*，Cambridge，2003，p. 167）。

月加速了对宫殿及其园林的大规模翻新，但1688年奥格斯堡同盟战争的爆发开创了一种新的国际格局，此后直到1715年路易十四去世，法国始终笼罩在阴霾之中。1697年的和平被随之而来的西班牙王位继承战争打破（1701—1714），且法国为此耗资甚巨。此外，1693—1694年与1709—1710年的两场天灾（1709年的冬天实在太过寒冷，甚至让杯中的葡萄酒、钢笔里的墨水都结了冰，树上的鸟也冻僵了）让整个国家陷入几近饥荒的境况之中，税收因此大幅减少。战争进一步束缚了国王的行动，新的工程计划被搁置，凡尔赛宫的建筑预算也遭到严重削减。1689年，出于对经济上的绝境和国家团结的考虑，国王将凡尔赛宫里的银器全部熔化，铸成了硬币。

　　路易十四统治末期，财政危机仍偶尔能得到缓解，让他能够采取实质性的举措。对国王套房的改造包括新建一间宽敞的前厅（一部分在他之前的寝室之外），即牛眼厅（得名于其主窗的牛眼形状）。这使国王的寝室于1701年得以迁至一层套房的正中央，那里曾是他的更衣室。这一时期结构上最重要的变化是决定完成礼拜堂的建设。早在1687年，芒萨尔便已将计划准备就绪，但直到1710年礼拜堂才被奉给神明，那时芒萨尔已离世两年。在凡尔赛宫短暂的历史中，这座巨大的建筑已经是其中第五座礼拜堂，也是最后一座。本来打算兴建于老礼拜堂原址上的海格力斯厅，也因资金和时间不足未能实现。

下页图

路易十四这座最后的礼拜堂标志着一种风格上的转变，即从多彩奢华转向洁白优雅，这也预示了18世纪后期的装潢趋势。

经济上的困境并不是导致凡尔赛宫辉煌不再的唯一因素，风气的变化也与路易十四本人的脾气秉性息息相关。1683年，王后玛丽亚·特蕾莎去世后，他几乎立刻就与曼特农夫人（他与蒙特斯潘夫人私生子女的保姆）秘密成婚，这使他饱受非议。曼特农夫人鼓励国王试着冷静、虔诚，远离奢侈挥霍、荒淫无度的生活和宫廷中的娱乐。节庆活动的安排开始减少，这在一定程度上也因为国王总是不在宫中。"国王似乎不像以前那样喜欢凡尔赛宫了，"一位廷臣于1698年评论说，"每周二他都去马尔利或默东，有时还会去园林尽头的特里亚农宫，只有周六晚上回来。"[6]在位的最后几年里，路易十四几乎有一半时间都待在马尔利城堡。

路易十四依然有能力偶尔举行大规模庆祝活动——1715年2月，接待波斯国王的使者时，他身着镶嵌钻石总价超过1200万里弗的黄金服饰，被压得步履蹒跚。但廷臣们感觉到他的心思已经有一段时间不在凡尔赛宫了：宫廷生活不再像以前那样规律，因为路易十四常常在外流连。凡尔赛宫的魅力似乎正在流逝——在某种程度上，它存在的原因也一并消失了。

路易十四统治的最后几年里，席卷王室成员的可怕死亡浪潮滋长了阴郁的气氛。在很短的时间内，国王先后失去了至少三位王储：儿子路易（死于1711年）、孙子勃艮第公爵（死于1712年，其妻子与他先后去世），以及曾孙布列塔尼公爵（死于1712年）。仅存的王位继承人是他的另一个曾孙，生于1710年的安茹公爵，当时还只是个襁褓中的婴儿。

＊ ＊ ＊ ＊ ＊ ＊

延续：波旁王朝的传承（1715—1789）

1715年，路易十四去世，其仅存的继承人——年仅5岁的曾孙安茹公爵继承了王位，被冠以路易十五的头衔。这位孱弱的幸存者在与麻疹的较量中略胜一筹，而这场病在短短一个月内先后夺去了其双亲及兄长的生命。但权力几乎立刻就落入了贪图享乐、作风堕落的奥尔良公爵菲利普二世手中，他是已故国王生前最厌恶的侄子，如今却成了年幼新国王的摄政王。弥留之际，路易十四曾劝诫新国王，为了保证其健康，他应远离凡尔赛宫——人们普遍怀疑，几年前王室成员接连去世与凡尔赛宫的不洁有关。老国王提议迁往樊尚，但奥尔良公爵却有自己的想法。于是，1715年9月，整个宫廷及政府集体离开凡尔赛，回到巴黎。年幼的国王下榻杜伊勒里宫，而奥尔良公爵则更愿意住在自己的皇家宫殿里。

凡尔赛宫与路易十四的"伟大"如此密不可分，以至于这次从宫殿中刻意搬出让人不禁怀疑这里之后是否还会成为波旁王朝继承者们的主要居所。在做出决定之前，这座没有政府和宫廷成员的宫殿只是一具空壳。宫殿的管理者趁此机会进行了大规模的清洁工作，还确保了庭院中的喷泉定期运转，以吸引观光者。1717年，俄国的彼得大帝造访这里时，在几乎没有任何监督和外交人员陪同的情况下尽情游览了宫殿和园林。

在巴黎，日渐长大的路易十五依然怀念着自己出生的地方。1722年6月，12岁的国王决定将宫廷和政府迁回凡尔赛。抵达宫殿后，这个男孩首先参观了礼拜堂，然后便在宫殿和园林里兴奋地跑来跑去，身后跟着气喘吁吁的随从们。之后他来到镜厅，躺倒在镶木地板上，对天花板上夏尔·勒布伦描绘路易十四辉煌一生的画作赞叹不已。他最后的行为是一种对未来的预示。这位年轻的国王认为自己背负着像唤醒沉睡的睡美人一样，让凡尔赛宫苏醒过来，并使其忠于其缔造者的意志的使命。

一个时代的终结，传统的延续

1786年，布列塔尼的二流贵族弗朗索瓦-勒内·德·夏多勃里昂前往凡尔赛宫觐见法王路易十六，这位未来的浪漫主义诗人惊叹道："路易十四还在这里。"[1]如果说在法国大革命前夕，老国王的精神似乎仍在宫廷上空徘徊，那么这绝非意外。路易十五和于1774年继承了王位的路易十六，都对凡尔赛宫的缔造者及其作品保持着一丝不苟的尊重。在路易十五统治的60年里，大理石庭院的大钟一直显示着路易十四离世时的精确时间。路易十五的宫殿里运转着路易十四的时间。*

在统治初期，路易十五以"我希望在每一件事上都以先王、我的曾祖父为榜样"[2]，正式概述了自己的意图，这是言辞优雅的宣言，也提供了一份行动——或不采取行动——的纲领。在漫长的统治生涯中，他对宫殿基本结构的改动微乎其微。当然，凡尔赛宫并非一成不变：新国王热衷于大兴土木，将大量时间用在仔细研究建筑图纸和与建筑师们探讨上，宫殿里施工的噪声不绝于

---

* 从1774年开始，大钟被调为路易十五去世的时间，并一直保持到法国大革命爆发。

莫里斯·康坦·德·拉图尔绘制的路易十五戎装像。
画家捕捉到了国王自信又忧郁的英俊面容。

耳。然而，这只是进一步的修补，更多根本性的计划仍停留在纸面上。在凡尔赛宫里，他留下了自己印记的主要有三个项目，而且都直接受到了路易十四的启发。第一项，他着手完成了礼拜堂原址上海格力斯厅的修建。这项工程由路易十四于1712年启动，在18世纪20年代早期工程中断后又重新开始。完工后，这里被认为是凡尔赛宫最壮丽的接待厅，其中精美的大理石装饰与弗朗索瓦·勒穆瓦纳精心设计的天花板以及墙上巨幅的维罗纳画作相得益彰（今天仍然可见）。1739年，国王的女儿伊丽莎白与西班牙王室继承人在海格力斯厅举行了婚礼，正式宣告这间接待厅的落成。

路易十五对曾祖父的园林的尊重丝毫不逊于对其宫殿的尊重。海神喷水池是他的第二项卓越成就——这是整个凡尔赛最巧妙、最杰出的喷泉雕塑组合，也是路易十四未竟的工程。路易十五的第三项工程更为浩大，即修建一座歌剧院。路易十四曾热衷于歌剧和芭蕾，但在17世纪80年代后期，受战争影响，他修建一座歌剧院的想法未能实现。日后的几场战争（特别是1740—1748年的奥地利王位继承战争以及1756—1763年的七年战争）也延缓了路易十五的计划，但工程最终还是在1768年启动。这座歌剧院由首席建筑师昂热-雅克·加布里埃尔设计*，因其将于1770年用作路易

---

* 昂热-雅克·加布里埃尔（1698—1782）于1742年承袭了其父雅克·加布里埃尔的国王首席建筑师一职。

上页图
安德烈·勒诺特尔于1679—1681年设计了壮观的海神喷水池。18世纪30年代，喷水池得到了进一步改善。

十五的孙子、继承人贝里公爵（未来的路易十六）与奥地利公主玛丽·安托瓦内特的婚礼场地，工程进行得有些匆忙，但加布里埃尔的这一杰作依然被普遍认为是欧洲最优秀的歌剧厅。

在路易十五统治的最后几年里，加布里埃尔殚精竭虑，希望攻克国王对其曾祖父的凡尔赛宫那根深蒂固的敬意。他尤其希望对宫殿面向城镇一侧的外立面进行现代化改造，使其更符合当时流行的新古典主义风格，在风格上与园林的外观更加接近。1759—1762年，国王出资修建了新的战争与外交事务办公楼，虽然这两座建筑都在镇上，但均采用了这种风格。离世前不久，路易十五通过了加布里埃尔翻新宫殿主立面的计划，但为时已晚，无法彻底改造。工程于1771年开始，但到1774年路易十五去世时，只有北侧的政府翼楼（为纪念这位建筑师，这里被重新命名为"加布里埃尔翼楼"）的一个新外立面修成了。

路易十五不愿改变路易十四为凡尔赛宫树立的公共形象，同样，他也固执地维持着路易十四制定的宫廷传统。总的来说，路易十五统治期间，宫廷中的礼节比路易十四时期得到了更严格的遵守。卧室里的晨起和就寝仪式被保留下来，其他经过精心安排的国家性表演也是如此。在王室盛宴上，宾客对国王处理煮鸡蛋的精巧方式敬佩不已，因为他只需找好角度，用叉子轻敲蛋壳顶部，就能将鸡蛋轻松取出。[3]尽管排他氛围持续存在，但凡尔赛宫里依然恪守着统治者可被接近的信条，宫殿也面向公众开放，以至于有时候人们会发现有乞丐在寝室附近游荡。1757年，有个叫罗伯特-弗朗索瓦·达密安*的仆人，他精神失常，即便如此也能接近国王，近到能在国王踏进马车时将其刺伤（伤势十分轻微）。

路易十五崇尚曾祖父为君主制奠定的庄严基调与日常礼仪，但性格中的一个特殊方面使他表现出与曾祖父的明显差异，即他对个人生活根深蒂固的渴望，至少在某些时候如此。正如我们所看到的，路易十四认为自己在某种程度上"属于"人民，†他选择生活在公众视野中，并为此而活，将个人生活中最平淡无奇的琐事打造成惹人注目的国家仪式，使公共与私人生活之间的界限变得模糊不清。然而，即便拉布吕耶尔坚持认为，一位法国国王可以拥有他除了私人生活之外想要的一切，路易十五还是证明了事实并非如此。‡

统治期间，路易十五始终致力于为自己开拓一处私人空间。其童年时期的保姆文塔杜夫人注意到他对"不必时时扮演国王而感到安慰"。⁴ 他始终郁郁寡欢，部分原因是童年时他失去了众多至亲，这不可避免地对他产生了影响。但他并非僧侣或隐士，他喜欢与那些他信任的人保持亲密而友好的关系。最重要的是，他并不想仅仅活在公众的视野之中，为他们而活。

这种同时重视私密性和公开性的矛盾心态对凡尔赛宫的建筑形式、物质文化和日常生活都产生了影响。其中最独特的一点是，

---

* 由于袭击了路易十五，达密安受到严刑拷打，并被残忍地处决了，这激起了启蒙主义者的众怒。

† 见第四章，第90~91页。

‡ 见第69页。

路易十五开始在宫殿的核心地带为自己打造专门的生活区域，使他可以远离宫廷仪式和国家事务。路易十四的国王套房被原封不动地保留了下来，但从18世纪30年代后期开始，路易十五将自己的精力投入到在房间众多的私人套房里打造一间内室上，在那里，很大程度上他可以不与外界接触。

路易十四至少曾设法在自己的私人区域内待了一段时间，远离廷臣的关注。在路易十五和路易十六统治期间，这些房间被扩建为相当规模的套房，有些甚至成了几层楼高的小住宅。二人在那里度过的时间比路易十四多得多，而且只允许极少数尊贵的参观者和受宠的廷臣进入。皇室收藏的大量杰作，特别是列奥纳多·达·芬奇的《蒙娜丽莎》，都陈列于此，这里还收藏着路易十五引以为傲的古董、硬币和勋章，另设有一间私人图书室和书房（达尔让松侯爵称国王"总是在写作"）[5]、一间地图室、一间化学和物理实验室、一间厨房（他热衷烹饪）以及一间木工和牙雕作坊。如果说我们对这些房间的了解不如对宫殿其他部分的了解多，那主要是因为只有很少的人去过那里——而且事实上几乎没人怀疑过它们的存在。不管怎样，扩建的迹象之一是路易十五在宫殿主立面上方增建了额外的房间，包括一座瞭望台和通往连接镜厅的露台的通道，他喜欢夜间去那里散步。路易十六继承了这些，并按自己的兴趣对它们进行了改造，包括新建一间锁匠作坊。

下页图
1738年，路易十五设计了这间更加私密的寝室，从这里可以进入路易十四那间冰冷得令人难以忍受的"仪式套房"。

这些变化与关于优雅、私密和舒适的新观念有关，而路易十五为此深深着迷。相比于凡尔赛宫庄严的多功能厅堂，自己的私人套房似乎更能让他体会到家的温馨。在那里他发展出一种新的审美品位，与吸引巴黎精英阶层的思想更相符：这种品位尤其注重让装潢风格更简洁明快，也运用了更多洛可可风格的线条形式。更低的天花板、较窄的墙面、繁复的装饰品和白色为底、金色勾勒的细木制件*尤其受欢迎，能巧妙提供照明且产生拓展空间效果的镜子也备受青睐。这一时期结束之际，壁纸取代了挂毯在墙壁上的主宰地位，而更简洁的里茨内尔†式家具逐渐代替了古旧笨重的布勒‡式产品。这样的装饰环境体现了对舒适性日益增长的需求：更低的天花板使房间更加温暖；轻便的瓷炉代替了硕大的壁炉；屏风和百叶窗能够调节光线并阻挡窥探者的视线；食品推车取代了笨重的餐食准备和呈送装置；服务铃的安装使仆人不必时时侍奉在旁。

人们对卫生的新关注使其本身体现出向更高舒适性发展的趋势。有关凡尔赛宫卫生环境极为糟糕的传闻依然比比皆是，19世纪中期，宫廷贵族的生活区遭到拆除，这助长了这种传闻的传播，并使历史学家忽略了卫生方面的进步。这种传闻将宫殿的恢宏壮

---

* 华丽且繁复的木刻镶板。

† 让-亨利·里茨内尔（1734—1806）是一名王室家具工，他制作的家具是路易十六时期新古典主义风格的代表。

‡ 见第二章，第37页脚注。

丽与肮脏不堪进行对比，特别强调了路易十四的凡尔赛宫里无处不在的不卫生行为：缺少浴室、国王坐在马桶椅上接待访客、从窗口倾倒夜壶中的秽物并使其溅到行人身上、在走廊上或壁龛里小解，等等。

有些习惯一直持续到1789年。据说玛丽·安托瓦内特也被从窗口倒出的秽物泼到过。法国大革命和拿破仑时代结束后，回到这里的廷臣们会以普鲁士式口吻评论宫殿四周的公共区域里浓烈的尿臊气。[6]当然，在公共厕所于19世纪出现在城市中以前，任何经常会吸引成千上万参观者的场所都注定要承受这种遭遇。但随着18世纪的发展，个人卫生和生理舒适方面的观念转变确实改变了人们的行为，而路易十五本人就是这种改变的先锋。他的私人套房里一度拥有七间以上的浴室，其中不仅配有铜质浴缸，还有抽水马桶。路易十五还改良了宫殿的下水道系统，使垃圾和人的排泄物能被排放到远离生活区的地方。这一时期，卫生观念进步的另一项表现是坐浴盆开始流行：法国大革命前夕，甚至连王室的卫兵们都拥有它们。

路易十五的私人套房使他能够更加平静地处理国事，也为他提供了一个不那么拘束的环境，让他能够与自己的家人共度时光。即便对其子女疼爱有加，但国王还是将王后玛丽·莱什琴斯卡排除在一切家庭聚会之外。路易十五与这位波兰公主于1725年成婚，后者在之后的12年里为他诞下九名子女。路易十五翻新了王后的套房，以便为他们日益壮大的家庭提供更加宽敞的生活空间。但没过多久，王后的套房就将她与丈夫隔离开来。从18世纪30年代后期开始，二人的关系迅速冷淡下来，而且越来越多地只在公开场合见面。玛丽在宗教和音乐中寻求慰藉，她资助了当时最杰出的音乐家们，而路易十五则与其他女人寻欢作乐。从1745年开始，他赋予众多情人中的蓬帕杜夫人"首席情妇"头衔——自17世纪70年代末与80年代的蒙特斯潘夫人及曼特农夫人之后，宫廷里还未出现过这种身份的人物。在宫殿的阁楼（是个比听起来还要简朴的住处）里蛰伏了一段时间后，蓬帕杜夫人被安置在宫殿主体部分的一层，从她的房间可经由楼梯直达国王的套房。在1764年去世之前，她始终是国王的首席情妇。此前很久，她就不再与国王同房，而且像王后一样，她也不得不容忍路易十五与许多别的情妇纵情声色。那些情妇更多出身于平民而非贵族，与国王幽会的场所也不在凡尔赛宫里，而是在镇上，是一处私人宅邸，被称为"鹿苑"。随着时间的推移，路易十五猎艳的频率有所下降，但并未停止，即便在1768年交际花杜巴丽夫人成为他的新首席情妇后依然如此。

行踪不定的国王们

蓬帕杜夫人能长期得到路易十五宠幸的原因在于她能通过不断让国王参与各种活动并产生兴趣来维持他的快乐。从一开始，她就敏锐地察觉到了国王的忧郁性格和对远离公众视野的渴望。在近二十年的时间里，她不厌其烦地投其所好，通过各种娱乐活动讨他欢心。廷臣都评论说，她知道如何取悦郁郁寡欢的国王，让他不再无聊。她组织了私人戏剧演出，让皇室成员与高级贵族同台献艺，竞争最佳角色；她资助音乐活动——孩提时代的莫扎特曾在她和国王面前演出；面对路易十五对建筑的痴迷，她也表现出兴趣；她还鼓励他资助艺术创作。瓷器尤其是他们的共同爱好之一：国王在塞夫尔建立国有制瓷工场，在一定程度上便是受到她的影响。工场坐落在默东附近，距离她最喜欢的贝尔维乡间住宅只有一箭之遥。每年，她和路易十五都会面向廷臣拍卖塞夫尔新出产的瓷器。

这种刻意的活动需要不断变换场地。从某种程度上来说，与其曾祖父相比，路易十五是一位不喜迁徙的君主——除了1722年前往兰斯两周，参加自己的加冕礼；1744—1745年在佛兰德斯前线指挥了几场战役，以及1751年对诺曼底进行了一次为期一周的短暂造访外，他从未离开过巴黎和凡尔赛地区。但在这一范围内，他出巡很频繁。与路易十四一样，他会在每年夏季和秋季分别前往贡比涅宫和枫丹白露宫，每次都会举行一些仪式性活动。这种王室巡行模式的新奇之处在于，路易十五在较小的城堡和其他住所里待了很长时间，因为在那些地方他可以远离公众视野，只让少数廷臣随侍左右。1745年以前，这一特点便已十分明显，而蓬帕杜夫人又使其更进一步：除了舒瓦西、默东和拉米埃特的王室宫殿外，路易十五还经常造访蓬帕杜夫人的乡间住宅。

在凡尔赛，路易十五将大特里亚农宫彻底改造成私人休憩场

查尔斯·尼古拉斯·科钦的版画展现了为庆祝国王之子即将与西班牙公主联姻，于1745年2月在镜厅举办的化装舞会上的场景。人们相信路易十五与让娜－安托瓦内特·普瓦松的恋情正是开始于此，后者很快就被封为蓬帕杜侯爵夫人。图中化装成紫杉树的八人之一便是路易十五，普瓦松则打扮成牧羊女的样子。

所。他一度彻底忽视了那里，但突然间——还是在蓬帕杜夫人的作用下——他又意识到了其潜在的价值。路易十五没有对大特里亚农宫进行任何结构上的改造，但18世纪50年代，他在花园中修建了植物园和温室。1763年后，他下令让首席建筑师加布里埃尔在花园原址上修建了一座全新的建筑，即后来的小特里亚农宫。这一新古典主义杰作于1768年竣工，居住其中的并非死于1764年的蓬帕杜夫人，而是后来的杜巴丽夫人（再之后则是玛丽·安托瓦内特王后）。

路易十五的频繁出巡意味着他更愿意远离凡尔赛宫，而非现身其中：1750年，他只在那里度过了52个夜晚；1751年则只有63晚。在统治后期，路易十五出巡的次数有所减少，但即便如此，他也很少花半个星期在凡尔赛宫里履行仪式性职责。凡尔赛宫依然是展示波旁王朝君主制荣誉的舞台，但波旁王朝的君主大部分时间却不待在这里。

路易十五对少数受其垂青的住所之外的地方不屑一顾，这进一步延展为对法国首都（也是他童年生活的地方）的漠不关心。1744年在巴黎度过的两周——在那期间，巴黎民众以罕见的热情称他为"受爱戴者"（le Bien Aimé）——是他最后一次在那里过夜。从那以后，他将造访首都的频率降至最低，或许平均一年才一到两次，而且通常是为了出席仪式性活动。巴黎民众一向对国王是否平易近人十分在意，凡尔赛宫及其庭院的对外开放便是显而易见的证据，但由于路易十五本人常常外出，这种感觉被明显削弱了。路易十四统治期间，巴黎民众对国王居于凡尔赛而非巴黎感到遗憾；到路易十五时期，他们却开始对国王常常不在凡尔赛而感到愤怒，因为就算他在，也总是窝在特里亚农宫或舒适的私人套房里。

玛丽·安托瓦内特时刻

1774年，路易十五和他的曾祖父一样，在凡尔赛宫的床榻上去世。很少有人指摘他对路易十四开创的传统的执着，而且1774年，凡尔赛宫里的许多事物仍完全保持着路易十四时期的样子。路易十五对君主威严的展现令人信服且印象深刻：莱维斯公爵称赞自己的君主"在遵循宫廷礼仪方面一丝不苟，（而且）维护了古老的制式和环绕王座的所有相关器具"。[7]在法国内外，凡尔赛宫依然被视为整个欧洲最宏伟的宫廷建筑，是法国仍旧被普遍认作欧洲"强国"的得体象征，是王家威仪、尊荣和辉煌的代名词：正如拉图尔迪潘侯爵夫人所说，凡尔赛宫的名字能在法国社会各阶层中"像魔咒般引发共鸣"。[8]来自新旧世界的旅行者，带着用各种语言写成的指南，不辞辛苦地来到这里，只为目睹这一奇观，为它发出由衷的赞叹。为宫廷服务的凡尔赛镇也在蓬勃发展，到1789年已拥有约7万人口，成为法国当时最大的集合城市之一。

然而，路易十五去世时已十分不得人心，有关其荒淫无度的流言传播甚广。作为继承人，其孙路易十六首先要做的就是抹去有关先王的情妇及风流韵事的所有痕迹。这一新开端的承诺受到了广泛且热烈的欢迎，但没过多久，路易十六的热情就消退了。

与其前任一样，路易十六也忠实于路易十四对凡尔赛宫的设想。无论如何，他缺少资金，除了修修补补和做些提前规划之外无能为力。结果，在以统治者的身份居住在凡尔赛宫的15年里，他一直忙于外交事务，特别是与美国独立战争（1775—1783）有关的那些。前任们发动的这场海外军事冒险让国家负债累累，以至于到了令人头晕目眩的地步，而路易十六则承担了由此带来的严重后果。总的来说，法国在全球性商业与殖民斗争中输给了英国，因此，美国利用法国援助的武器和物资击败了英国，对法国来说是鼓舞人心的胜利：1783年，结束战争的和约在凡尔赛宫签署。但军事上的胜利需要以高额开支为代价。18世纪80年代，法国政府约有一半开支用在了维持武装力量并偿还上个世纪积累下的战争债务上。相比之下，宫廷开支每年只占5%左右。

战争及其留下的财政后遗症让路易十六几乎没有时间和金钱对凡尔赛宫进行任何实质性的改善。路易十六对宫殿园林中的植被进行了全面替换——路易十四时期种植的树木如今形态都已十分糟糕，但他没有心情做任何根本的改变："我们再怎么尊重也不为过。"人们注意到在重新栽种树木的同时，"任何事情都在路易十四的支配下进行"。[9]宫殿内，路易十六对其私人套房结构的改变在相当程度上暴露了其性格：他修建了一条特殊的走廊——被称为"国王廊"，使他能够悄然往返于自己的套房和王后的套房，无须经过一连串公共厅堂，因为在那些地方他或许会遇见成群互相推搡着朝他挤眉弄眼的廷臣。

正如这种对男女之事的羞怯所表现的，路易十六过于内敛且腼腆，这种性格使他不适于担任凡尔赛宫历来要求的那种公共角色。路易十五曾表现出，他在本质上就无法像路易十四一样，将自己的日常生活展现在公众面前，但他懂得如何在必要的时候"表现得像个国王"（正如其保姆所说）。但路易十六在这两方面都无能为力：他既对自己能够扮演公共角色没有自信，也不能在专为凡尔赛宫设计的王家仪式中表现得令人信服。在公开表示（与其前任一样）对路易十四开创的传统绝对忠诚的同时，他也只是简单地通过晨起仪式、就寝仪式等来履行这种忠诚。他笨拙的举止让人觉得他或许更希望待在别的地方。

与路易十五一样，路易十六无休止地在法兰西岛上的王室宫殿和乡村宅邸之间巡行，以减少在凡尔赛宫出席正式场合的次数。他为凡尔赛宫制订了宏伟的计划——他在圣克卢和朗布依埃购置了住宅，以备凡尔赛宫进行大修时居住，但这些计划从来没能实现。即位那年，他在别的地方过夜的时间就多于住在凡尔赛宫的时间。他仿效先王的习惯，只在出席仪式性场合时才冒险前往首都，而为欣赏歌剧，他的王后去巴黎更频繁些。路易十六只离开过三次法兰西岛：1775年前往兰斯举行加冕礼；1786年前往瑟堡出席新港口设施的落成典礼；1791年逃离巴黎，以躲避法国大革命的浪潮，但最终在东部边境附近的瓦雷纳被拦截。*

路易十六的统治也延续了生活方式更加"私人化"的趋势。更多时间和精力被用在改善国王夫妇的私人生活安排而非公共建筑上。在这方面，王后玛丽·安托瓦内特起了主导作用。似乎有种新景象强加于凡尔赛宫之上，或者更加确切地说，强加于其边缘，因为主要建筑里的生活依然单调乏味，时断时续，仿佛是为了证明古老的路易十四时钟还在运转。1770年，从奥地利宫廷来到这里时，这位神圣罗马帝国皇后玛丽亚·特蕾莎之女似乎被凡尔赛宫的宏伟壮丽迷住了。她因对时尚的追求而为人所知，当时如雨后春笋般涌现的大众报纸纷纷热切报道她的活动。然而，双

方的蜜月期并没有持续太久。玛丽·安托瓦内特很快就被王室的繁文缛节弄得头昏脑涨，此外，她还受到宫廷中反奥地利派的怠慢与蔑视。她本能地远离宫廷里的公共生活——在某种程度上还包括她的丈夫——转而投入追求时尚和奢华的私人世界之中。她与新古典主义的建筑设计师理查德·米克合作，后者几乎彻底重塑了她的生活环境。

他们的早期工程聚焦于王后在宫殿里的套房，对其精心重新设计。然而，在翻新小特里亚农宫的过程中，玛丽·安托瓦内特和米克留下了他们最难以磨灭的痕迹。继承王位后，路易十六将小特里亚农宫作为礼物送给玛丽·安托瓦内特，于是她将这里当作自己的私人财产，让仆人身着她本人的制服，还以"奉王后的命令"为抬头发号施令，让整个宫廷大为震惊。据说，即便是国王本人也要得到她的许可才能造访那里（而且路易十六从未在那里与她一起过夜）。玛丽·安托瓦内特在小特里亚农宫找到了一处安全的避风港，在那里她可以无拘无束，无须考虑自己作为王后的职责。在米克的帮助下，她尝试了新的项目与风格。虽然路易十六让凡尔赛宫的园林依然维持着"勒诺特尔式"的严谨，但在小特里亚农宫，他的王后以一座所谓的"中英风格"园林取代了路易十五钟爱的植物园：为与当时亲近自然的时尚保持一致，园

覆盖有茅草的屋顶和装饰性水车是玛丽·安托瓦内特的"小村庄"中最吸引人的景观之一。

林中修建了一座山洞、一座受休伯特·罗伯特＊启发的带有岩石瀑布的瞭望台以及一座关于爱的纪念碑（王后还聘请罗伯特重新设计了凡尔赛宫主园林中的阿波罗浴池林，这无异于一份引人注目的前浪漫主义宣言）。她和米克继续扩建小特里亚农宫，以打造一座小村庄（王后村）。村庄中除了豢养着家畜的农场，还有一系列乡村（磨坊、鱼塘、鸽舍、鸡场）和都市（台球室、赌博厅、餐厅）建筑。一名廷臣评论道："让王后村呈现出一番贫困的面貌着

＊　休伯特·罗伯特（1733—1808），著名的风景和遗迹画师，其作品常常被认为具有前浪漫主义时期的艺术情感。在为王室服务期间，他还进一步涉足了园林设计领域。

实耗资不菲。"[10]

　　大量金钱流进了王后的幻想世界，与此同时，对凡尔赛宫主体的必要维护却被无休止地推迟。尤其从城镇一侧走来时，宫殿那种遭到忽视的破败感会令人沮丧。"城镇附近的宫殿主立面，有相当大一部分已经破败不堪，只剩残缺的砖墙和破碎的窗户"，呈现出严重失修的样貌，1767年本杰明·富兰克林看到的就是这样一幅令人失望的景象。[11]

　　自创建伊始，凡尔赛宫的工程始终聚焦于国王本人：依靠由路易十四确定的国王应在其中扮演的角色，努力维持宫殿独特的吸引力及其传统。但到1789年，路易十六似乎打破了这种平衡，因为受王后的影响，宫廷生活已经开始被打乱了。

阿波罗浴池林由休伯特·罗伯特设计于1778—1781年。罗伯特将这些雕像置于这样一座时尚的前浪漫主义英式园林内，这在凡尔赛宫是十分不寻常的。

* * * * * *

日常：凡尔赛宫的生活方式

凡尔赛宫的居民常常提到他们生活在"这个国度"里——这种表达是一种相对私人化的、描述小圈子中社交生活的方式。外来者或许会将这些人视为"宫廷中人"，表明不论阶级如何，依附且频繁出入凡尔赛宫是其社会认同的基础。在"这个国度"里，言谈举止、待人接物、穿衣打扮的方式都与外面不同。例如，在宫廷社交中，人们不说"礼物"（dons），而说"馈赠"（cadeaux）；喝"来自香槟的'葡萄酒'"（vin de champagne）而非"香槟酒"（champagne）；人们还会将某些单词结尾的"c"省去（意为"包"的"sac"因此被拼为"sa"），并在奇怪的地方插入一个拖长的"z"（意为"前天"的"avant hier"因此被拼为"avant z'hier"）；每个人都了解十几种点头、鞠躬和表示尊重的方式；女士们拖着一种特殊的步伐，双脚不离凡尔赛宫的镶木地板，以避免踩到其他宫廷女士。贵族出身的大主教塔列朗（后在法国大革命期间及拿破仑帝国时期担任外交部长）的名言精辟地总结了这种被纵容的排他性和优越感："没经历过1789年前后那段岁月的人完全无法理解生活的快乐。"[1]

但凡尔赛宫里的生活也有两面性。塔列朗并没有提到，令人艳羡的生活之乐在很大程度上依赖他人的付出。围绕着国王及其廷臣的是一个庞杂的服务阶层，他们构建了凡尔赛宫的物质环境，还确保了宫廷中各项活动能顺利进行。廷臣的生活和那些维持宫廷运转的人的生活紧密地交织在一起。凡尔赛宫不仅仅是一座宫殿、一组建筑，还是一种独特的生活方式，这种生活方式建立在服务和劳动的世界之上。此外，到1789年，这种快乐似乎受到了威胁。

做"这个国度"的王

作为国王和主人，路易十四制定了"宫廷中人"在"这个国度"里必须遵守的规则。或许是路易十三确定了凡尔赛宫最初的选址，而且在构建凡尔赛宫的物质和社交环境中，路易十四从其他文化模式中汲取了大量灵感并进行了广泛合作，但从本质上讲，凡尔赛宫的物质和社交环境还是路易十四自己的作品。他发号施令——其继承者们也是如此。但在曾居于凡尔赛宫的六位君主中（事实上，其中五位都名叫路易），路易十四或许是唯一全心全意沉醉其中的人。发现这块地方并建立了城堡雏形的路易十三，将这里视为远离宫廷的避难所，而非自己的家。路易十五和路易十六则走了另一个极端，他们接受了路易十四的凡尔赛宫，并完全忠于其生活方式——但前提是需要定期逃避其规则，以尽力容忍这个地方。路易十六的继承人路易十七，于法国大革命期间死在监狱里，而后来的路易十八和查理十世（路易十六的兄弟们，后革命时代、后拿破仑时代的王位继承人）曾分别以普罗旺斯伯爵和阿图瓦伯爵的身份生活在这里，直到1789年，但1815年后，他们都没有重新居住于此的政治愿景。*

---

* 见第六章，第125页。

路易十四有意识地将宫廷打造成一篇关于政治和外交的宣言，以及在其统治初期的"投石党运动"结束后实现社会和谐的手段。从将凡尔赛宫作为宫廷和政府驻地的那时起，他的策略便是通过宫殿的恢宏壮丽来震慑其臣民和敌人，使他们屈从于他的威严。他坚信，凡尔赛宫人人可见的辉煌（通过向所有臣民开放的政策来实现）将有益于他的政权，并能使之更加稳固。

凡尔赛宫展示的不光是"伟大"，更是法国的伟大。尽管从意大利的宫廷文化中汲取了一些灵感，但凡尔赛宫的艺术杰作大部分都源自法国本土。柯尔贝尔、勒沃、芒萨尔、勒诺特尔和勒布伦提供了基本框架，在这之中，法国的画家、雕塑家、装潢艺术家及其他能工巧匠得以尽情展示各自的作品，极大地提升了法国艺术在整个欧洲的地位。在旧制度（ancien régime）的最后150年里，几乎所有尚在人世的著名法国艺术家都以某种方式为凡尔赛宫做出了贡献，人数众多难以罗列。除此之外，一些默默无名的工匠也为凡尔赛宫的装潢艺术提供了精彩的范例，圣戈班的玻璃、萨弗纳里的地毯、高布兰的挂毯、出自全国各地采石场的大理石、巴黎的典雅家具、塞夫尔的瓷器，以及后来流行的壁纸和巴黎时装都出自他们之手。被自己委托制作的器具所环绕，这使国王更显荣耀。意大利大使普里米·维斯康蒂注意到，路易十四身上的演员天赋让他在进行自我展示时就"好像在舞台上"演出。[2]凡尔

下页图
让-巴普蒂斯特·马丁于1700年绘制的画作，展示了正要结果一头牡鹿的勃艮第公爵的形象，他是路易十四之孙及继承人（直到他死于1712年）。

赛宫宛如一座剧院，展现着路易十四的王权和文化上的优越。

对造访凡尔赛宫的人来说，这座宫殿在艺术和建筑方面的光辉显而易见——在有路易十四及其官员参与的王室宣传中，也不断通过各种形式强调这一点。印刷媒介再现并传播了大量有关宫殿、园林、收藏的艺术品以及宫廷生活的图像。硬币和纪念章同样被当作国王和宫殿的宣传工具。因此，凡尔赛宫的理念及奇观深深吸引了那些从未接近过宫殿的普通法国民众。凡尔赛本身也发展成一处旅游景点，吸引了来自法兰西岛各处的参观者。

凡尔赛宫也是路易十四的私人住宅，但国王的私人生活总是被囊括在他的公共角色之中，而且，他确实将日常生活中一些私密细节变成了仪式化的公共表演。整个宫廷都要遵循他的日程安排，在其命令和监督下，廷臣要遵守无处不在的繁文缛节。在国王套房里，他起床和睡觉——早上8点左右的晨起仪式，晚上10点半或稍晚的就寝仪式——是有大批廷臣和仆从参加的繁复的小型仪式的主题。上百人从前厅（1701年后的牛眼厅）进入国王的寝室，国王随后会走进与其寝室对称分布的议政厅，在这里，他会将上午的时间用在轮流与各部大臣及其他官员处理国务上。中午12点半或更早些，国王会经由镜厅（通常有许多人聚集在那里，边交谈边恭候国王驾临）前往礼拜堂做弥撒。*

★　对于这些发生在中午的事情，历史学家的描述各不相同。国王去做弥撒的时间或早或晚，但议政会议通常都安排在此前后。参见Béatrix Saule, *Versailles triomphant: une journée de Louis XIV* (Paris, 1996), pp. 62, 82; and Antoine Amarger et al., *The Hall of Mirrors: History and Restoration* (Dijon, 2007), p. 60。

国王用膳也是公共事务之一。下午1点，他会享用"小食"，廷臣们则侍立在旁。"晚间盛宴"是更大的公共事件，于晚10点左右在王后套房内进行。食物都盛装在金餐具里，在大量廷臣和一般民众的围观下，国王与最亲密的家庭成员共同进餐。下午，国王会前往特里亚农宫或马尔利城堡、在宫殿园林里漫步，也可能外出狩猎。

路易十四的继承者显然都沿袭了这种日程安排中的大部分元素——至少他们在凡尔赛宫里时如此。他们还毫不动摇地保持着对狩猎的痴迷：毕竟，最初正是这种属于波旁王朝君主的运动将路易十三带到了凡尔赛。路易十五遵循着一套独特的狩猎仪式，即所谓的"穿靴"（botté）与"脱靴"（débotté）仪式，由国王本人在自己的套房中主持，他一丝不苟地遵守着宫廷中程式化的礼仪规范。随着时间的推移，狩猎的形式也在不断变化：路易十三时期曾猎狼并训练猎鹰，但到18世纪初，法兰西岛的狼已经被猎杀殆尽，猎鹰也变得和时代格格不入。路易十四促进了射击游戏的兴起。仅1708年，在总计118天的狩猎活动中，就有63天花在了射击派对上，由于当时他的身体机能日益下降，狩猎时通常会有一驾马车跟随——其余狩猎活动包括49次猎牡鹿、5次放鹰和1次猎野猪。路易十五每周狩猎三天，有女性廷臣跟随时，他会在晚上于自己的房间里为她们举办一场私人派对。但在路易十六的热情面前，他或许相形见绌：路易十六在1775—1791年总计猎杀了1274头牡鹿。

宫廷生活还有其他一些展示王室威仪的表演，虽然时断时续，但同样已成为一种惯例，其中包括与王室或宫廷相关的事件，如王室成员的出生、婚礼和葬礼，以及胸怀大志的廷臣们正式的自我介绍等。还有宗教活动，如触摸治疗瘰疬症患者（从中世纪开始，人们就相信在位君主可以借由上帝的力量，治愈那些罹患瘰疬症的人——这是一种结核病）。很多仪式会涉及以国王为首的骑士制度，还有一些与复活节等宗教节庆有关。在新大使就职或迎接国宾时，都会举行盛大的仪式，后者的规模甚至更大。接待热那亚总督（1685）、暹罗使团（1686）及波斯使团（1715）的仪式都破例在镜厅中举行，因其奢华程度而成为传奇。

在某些情况下，已经成为惯例的仪式——似乎从路易十四起床到就寝期间无时不在的仪式——会有所放松。这包括通常安排在傍晚的娱乐时间，那时国王会待在自己的私人房间里，远离他的廷臣。统治后期，他有越来越多的时间待在曼特农夫人的套房里，不过他也在那里处理了大量国务。

此外，凡尔赛宫也让国王享受了休闲时光，包括各种形式的午后漫步、晚间的娱乐项目，如音乐会、歌剧及戏剧表演。路易十四每周都会观看来自法兰西喜剧院的剧团（一个专门从事悲剧创作的剧团）以及更加轻松的意大利喜剧院剧团的演出。这些或许被并入了王室私人派对中，如套房晚会，每周举行三次，通常在周一、周三和周四的晚6点到10点。*晚会在大套房中布置得富

★　见附录，第176页。

丽堂皇的礼堂里举行，从宫殿北侧一直延伸到战争厅和镜厅。几个房间里，人们伴着音乐翩翩起舞；另外几个房间里，人们则聚在一起赌博或打台球，桌子尽头摆满了佳肴美酒。在这些场合，国王不再苛求来客遵循正式礼节，他本人的言谈举止似乎也更加放松。随着年龄的增长，路易十四参加晚会的频率逐渐下降，但他坚持让其他王室成员继续参加。

到了晚年，路易十四待在马尔利城堡的时间更多，参加宫廷娱乐活动的次数越来越少。其继承者们也继承了这种缺席行为。1722年摄政统治结束后，路易十五第一时间将已迁往巴黎的宫廷重新安置回凡尔赛，并不遗余力地维护路易十四的礼仪。但他和路易十六重新平衡了宫廷生活中公共和私人两个方面，使其向后者的方向发展。对凡尔赛宫里王室威仪展演的主要观众，即廷臣来说，这种转变带来了深远的影响。

扮演廷臣

"宫廷奢靡无度：家具、服装、马车的奢华令人眼花缭乱；宴饮的开销、侍从和仆人的人数令人瞠目结舌。大领主们常常互相攀比，一掷千金。"[3]

上述文字由凡尔赛镇的本堂神父弗朗索瓦·埃贝尔写于1686年，证实了法国贵族在多大程度上致力于在凡尔赛宫维护一个过

下页图
1686年，由政治家哥沙班率领的暹罗使团在镜厅中受到接待。这幅素描是夏尔·勒布伦的一幅草图，最终并未正式成稿。

度奢华、纵情享乐的政权。他们也证明了路易十四对其"驯化"的成功，在后者统治初期的"投石党运动"期间，这些人曾使他的王国面临被分裂的威胁。路易十四在凡尔赛宫的策略中十分重要的一项，就是为高级贵族创造机会，使他们能参与到这奇观之中，并享受因此获得的回报。国王将宫廷及主要政府机构安置在凡尔赛，同时鼓励高级贵族定居于此，他以一种全新的方式实现了中央集权。他高居两套系统的顶端，而这两套系统较往常而言联系更紧密、相互渗透更深：一套包括宫廷和军队机构（由传统的"佩剑贵族"掌控）；另一套则是政府部门（属于"穿袍贵族"）。*

　　路易十四的意图从来都不是将王国内的所有贵族都召至"这个国度"，只有重要的贵族才有此机会——王室成员、公爵、其他高级贵族，还有来自外省古老家族的精英，而且他会让他们与政府各部的大臣同处一地。凡尔赛宫里贵族的人数在不同时期会有所变化，但大约在6000~7000人，其中可能多达3000人在宫殿或其附属建筑中拥有住所。4埃贝尔提到的攀比心理意味着每个法国人都希望出现在那里。王朝的荣耀、个人的前途、文武官员的任命，从未像彼时那样完全掌握在君主手中。

　　成为凡尔赛宫的廷臣意味着要沉迷于对"抛头露面"的需要。路易十四决心将贵族整合成整体，他喜欢自己的宫廷规模庞大、

---

*　"佩剑贵族"（Noblesse d'épée）指法国最古老的贵族阶级，源自中世纪骑士阶级，通过为国王效力来换取对土地的所有权；"穿袍贵族"（noblesse de robe）指因担任司法或行政职务而获得晋升的贵族。

高贵显赫。缺席行为会让人觉得愚蠢，也可能得到更糟的评价。对因缺席而失宠的廷臣，国王会做出"我从未见过此人"之类带有强烈批评意味的评价。*但"抛头露面"并不仅仅意味着本人要亲自出现在宫廷中，还在于应保持形象，行为举止符合其社会地位和国王的喜好，并保持对地位和优先权的尊重。他们显而易见的消费欲和好胜心交织在一起。例如，国王经由装饰华丽的走廊走过镜厅时，廷臣们会焦躁不安地争抢靠前的站位；在国王的寝室里，尊贵的家族彼此竞争，只为让自己的成员获得受国王垂青的机会，服侍国王更衣、为他举蜡烛照明等。这些事情看似琐碎，但在路易十四的仪式制度下，它们承载着荣誉，以及可能借此获得的赏赐。

在这个狂热的恩赐世界里，焦虑和渴望尤其围绕着住房问题展开。正如我们已经注意到的，路易十四在凡尔赛的创新之一便是承诺接纳所有在宫廷和政府中任职的人，这在其他王宫中从未发生过。这是一项相当大的工程，耗费了国王及负责处理宫殿建筑相关事务的官员大量的时间和精力。路易十四在17世纪七八十年代对宫殿的扩建尤其旨在为廷臣们创造更多的生活空间。即便如此，宫廷越繁荣，住所过于拥挤的问题就越紧迫。只有极少数廷臣——王室成员，还有那些担任最高、最尊贵职务者——才能拥有套房。大部分廷臣的住所只有两个房间，缺少基本的烹饪设

---

* 见附录，第178页。

备，甚至连壁炉都没有，窗户漏风，恶臭熏天的公共厕所就在走廊上或楼梯下方。到旧制度末期，王室家庭规模的扩大明显加剧了空间问题：路易十六庞大家族中的每个成员都拥有独立的家庭，其侍从也都需要住所。几十年时间里，可供贵族使用的房间缩减了四分之一，而且日趋紧张，人们怨声载道。

这些问题意味着，对大多数处于这个令人着迷的王室圈子之外的贵族来说，凡尔赛宫的居住环境远不如自己的家。过去的一个世纪里，对舒适性普遍存在且日趋增长的追求使这变得更加令人难以忍受。诺瓦耶伯爵18世纪时曾担任宫殿总管，从他那里我们可以得知，由于空间上的压力，即便是那些地位最高的贵族，只要有超过两名仆人陪侍宫中，也会让路易十四深感不悦——可他们在自己家中拥有的仆人数量远多于此。[5]这也解释了为什么许多被安置在宫中的廷臣选择到凡尔赛镇另寻居所——那些大贵族甚至会修建私人宅邸。在这里他们可以保留大部分仆役及马车，而后者是炫耀和攀比的关键之一。城镇中还居住着许多没有（或还没有）在宫殿里谋得住处的人。此外还有一些被称为"奔驰者"的人，每天往返于巴黎和凡尔赛宫之间。

即便环境糟糕且在占用权方面存在不确定性，凡尔赛宫的住处依然比其他地方更可取。对廷臣们来说，这可以使他们方便且安全地参加每天或早或晚举行的各项活动，而且他们也能迅速更

在这幅路易十六的官方肖像中，布景、仪态以及王室标志均有意识地模仿了里戈为路易十四所绘的神气十足的画像（见第Ⅲ页）。与他那著名的祖辈相比，路易十六在性格方面更加温和，没那么专横。

换衣物。宫廷中对着装有严格的要求：女士们可能每天被迫换装三四次，而路易十四本人通过一天之内佩戴四顶不同的假发立下了这个规矩。此外，在宫中拥有住处有助于廷臣之间建立起新的社交和资助关系。虽然国王提供住处，但除了节庆或主要的仪式性场合（如套房晚会），他并不会为他的廷臣们提供餐食。他们的餐食由供膳者提供，或者接受大贵族或某些宫廷官员的宴请，而他们会支付所享款待的费用。用餐时间的社交活动包括各种形式的娱乐——派对、赌博、音乐会和舞会。在国王缺席或不在宫中时，这些非正式的活动赋予了宫廷生活以活力。尽管存在分歧、纠纷和勾结，他们还是共同建立了一种适应"这个国度"需要的共享性廷臣文化。

尽管国王强调本人的可见性和可及性，但大多数廷臣发现，他们很难面见自己的君主——无论是讨论住处问题还是其他问题都如此。少数受垂青的人可以与他进行非正式会面，这为他们向国王请求恩赐提供了机会。在套房晚会上，国王会表现得平易近人，但不会谈论公务。此外，除了在这种相对不那么正式的场合，各类侍从和卫兵还会监视大门及入口，把控着每一个接近国王的人。

规模庞大的王室卫队由诸多部队组成，包括火枪手、轻骑兵和法兰西卫队。其中一些，如瑞士核心队*和苏格兰卫队，由外国雇佣兵组成。通常每支部队都有各自令人困惑的礼仪和传统。例

---

* 瑞士核心队由路易十一组建于1480年，起初是国王的私人卫队。

如，当皇家庭院在夜晚关闭时，苏格兰卫队（组建于15世纪，到路易十四时期，部队中的苏格兰人实际上已经非常少了）会高呼口号，似乎是带有苏格兰口音的法语"我在这里"（Hhay hha Mier）。[6]每当路易十四进入宫殿，都会有12名瑞士卫兵和12名其他单位的王室士兵护卫在旁，这种安全级别足以阻止旁人随意接近国王，尽管护卫组织的复杂性可能会对他们履行职责造成不利影响：例如在1757年，他们就没能阻止罗伯特-弗朗索瓦·达密安刺杀路易十五。*而且即便有他们存在，不时发生在宫殿和园林中的盗窃和破坏行为仍十分猖獗。

国王独处时，接近他几乎是不可能的（即便在最有利的情况下也困难重重），这种情况在一个世纪里越来越常见。即便在宫中，路易十五也频繁地（而且总是突然通知）与少数宠臣一起进餐，而非在公众的注视下用膳。†他也会花时间与自己的情妇待在一起：一夜春宵后，他会让参加就寝仪式和晨起仪式的廷臣等上几个小时，而路易十四则总是严格遵守时间安排。路易十六没有情妇，只有一位深爱的妻子，但她甚至比他更加对宫廷礼仪感到失望，大多数时间都待在宫中重新设计过的私人套房或小特里亚农宫里。

玛丽·安托瓦内特精挑细选了一批生活奢靡的年轻贵族、贵妇，他们都没有太多凡尔赛家族背景。这成了一个问题，因为她

---

* 见第二章，第64页。

† 见附录，第179页。

热衷于慷慨解囊提供资助，而且对象不局限于自己的家庭成员。过去，国王的情妇们扮演了赞助人的角色，但她们都试图将自己融入现有的关系网之中，如蓬帕杜夫人通过成为王后玛丽·莱什琴斯卡的侍女而获得合法身份后，其提供的赞助发挥了巨大作用。与此相反，玛丽·安托瓦内特不仅干涉丈夫的赞助关系网，还在个人喜好的基础上开拓了属于自己的关系网，而她选中的人本质上都是宫廷中的无名之辈。这会造成严重的后果。

侍奉宫廷

凡尔赛宫廷中6000~7000名富有、苛刻、招摇的贵族只是人口结构中的冰山一角。水平面以下的(无论当时还是如今，都很少有人注意)是相当庞大的非贵族群体，他们的职责是维持"这个国度"贵族居民的生活水平。

这一服务性群体的规模和构成在不同时期也有所变化。17世纪下半叶或许是其发展顶峰，当时宫殿正在修建，园林已经开始布置，基础结构性工作都在推进之中。据估计，17世纪80年代早期，在这片遍地脚手架的大工地里，有超过两万名工人从事建筑工作，如果将超过40个兵团的士兵也包括在内，这个数字会翻上一番。这些人承担了将厄尔河水引向凡尔赛宫的任务，工程全长约80千米。这项工作不仅会让人筋疲力尽，而且十分危险。这片

1770年，嫁给未来的路易十六时，奥地利公主玛丽·安托瓦内特年仅14岁，这是她当时的画像。在她看来，法国宫廷古板、傲慢、守旧而且陈腐。

沼泽密布的土地上的夏季，因各种热病的肆虐而臭名昭著，17世纪70年代，甚至私下流传着政府刻意隐瞒高死亡率的说法。[7]凡尔赛宫的恢宏无情地建立在国王对臣民生命的漠视上，这一"黑色传说"广为传播。1685年，路易十四废除了《南特敕令》*，掀起了新一轮的宗教迫害，法国新教徒流散到欧洲各地，也带去了这些传言。

一旦主要建造阶段结束，家庭仆役或许就成了凡尔赛宫里人数最多（而且肯定地位最卑微）的劳工群体。据估计，约有3000人为宫廷成员服务，其中大多数受雇于王室。除此之外，还有大量为廷臣服务的仆役，他们通常住在宫殿之外。据称，1789年，宫廷刚一搬离凡尔赛且贵族流亡潮开始后，城镇中的人口减少了一多半，从约7万人锐减至2.6万人，离开的人中有成千上万于1789年以前一直在为宫廷服务。

除家庭仆役外，1789年离开凡尔赛的人还包括城镇经济中旅馆业、建筑业、服装业和奢侈品业的相关人员。路易十四曾希望凡尔赛成为展示来自全国各地的杰出艺术家和熟练工匠作品的舞台，并以此证明其国际声望。许多工匠——家具制造工、大理石匠、金匠、珠宝匠、科学仪器制造工、专门行业及奢侈品业工匠等——都将在宫殿或城镇中落脚，但也有相当比例的人像他们的主人和客户一样，作为"奔驰者"居住在巴黎，有特殊活计时才

---

* 《南特敕令》由亨利四世签署于1598年，赋予了法国的加尔文派（或称胡格诺派）新教徒一系列公民权利。

来到凡尔赛。他们中的佼佼者可以从王室那里获得稳定的工作，但来自廷臣们的"私人"雇佣需求同样十分旺盛。他们在城镇中的住宅需要装饰，这为经验丰富的商人和工匠提供了更多工作机会。传统贵族越来越多地接受了新的个人卫生习惯以及与此相关的设施，这些都是路易十五在凡尔赛宫里首创的。廷臣们试图将它们引入自己的住处，但只取得了一定程度上的成功：出于空间考虑和国库负担问题，它们没能在整座宫殿里普及。廷臣们狭小的住处远不如各自的私人宅邸能提供的生活条件好。凡尔赛宫似乎已属于另一个时代。

对凡尔赛宫及庭院的管理似乎也过时了。理论上，这项工作应由国王任命的一位监督官负责，但实际上，这一职责的履行极为分散。约有20个职能相互独立的机构分别负责宫廷生活的方方面面，在各自的领域像独立机构一样运作。以"国王之口"为例，它是这些机构中规模较大的一个，负责准备膳食，并被划分成许多次级部门——事实上则是小型独立机构，其中一些专门负责供应某类物资（面包、水果、木材等），而其余的则承担另外不同的职责（例如专为国王，而非其廷臣准备膳食）。还有专门负责建筑、住房及装饰的机构。娱乐司负责各种仪式及娱乐活动中的主要方面，但同时还与其他三个独立机构就礼拜堂管理的不同方面进行合作，此外还有负责音乐及服装的机构。专门负责狩猎事

下页图

这幅画由亚当·弗兰斯·范德·莫伦绘制于1668年，展现了正在大兴土木的凡尔赛宫，从中可以看出国王对宫殿的规划何其宏大。

务的机构有六个：两个负责马厩，其余四个分别负责犬舍、驯鹰、猎狼和猎野猪。

王室设置的许多职位——无论是在宫廷还是在政府中，也无论层级高低——都在被称为"捐纳"（vénalité）的制度下运作。这意味着候选者需要一次性向国库支付一笔款项，而后国库每年向持有者支付利息，利率通常在4%左右。人们普遍相信，这种行为在17世纪的普及，通过集中资助以及让担任官职者对稳定的政府进行投资，减少了贵族之间的派系斗争。但这一制度也造成了三个深远的影响，而这些都与18世纪趋于恶化的低效现象有关。首先，资本支出鼓励其承担者以更快的速度收回成本，部分通过拓展其企业经营活动，或者（或许更为普遍）通过贪污腐败。吃回扣是维系捐纳制度运转不可或缺的组成部分。其次，该制度鼓励继承而排斥才干，某些职位成了世袭的。例如，帕德林家族连续三代人都负责为王室清扫烟囱，而马尔蒂尼家族和热拉尔家族则各自夸口说他们在超过一百年的时间里一直承担着清洁王宫窗户的工作。这种持之以恒的服务完全不罕见。最后，这一制度日趋停滞，因此阻碍了改革。职位很难被撤销，一部分原因在于王室的投资，另一部分原因则在于撤销某个职位前必须偿还该职位担任者之前"捐纳"的钱。路易十五开始改用抽水马桶后，"王室夜壶倾倒员"依然在领取薪水，甚至在整个凡尔赛已经难觅骡子的踪影后，仍有一名负责套骡具的指挥。然而只有在重压之下，政府才会大规模削减职位。实际上，更具诱惑力的做法是将某一特定职位上的人数增加一倍，让他们轮流履职，可这种做法能持续多久受到结构性限制。而到路易十六统治时期，这种限制似乎已经达到了临界点。

凡尔赛宫的陨落

路易十四将对任免权的管理作为维系凡尔赛宫运转的重要一环，但他缔造的这个制度被证明很难控制，路易十六尤其没能掌控好它。在其统治期间，由于国王本人能提供的十分有限，人们能从凡尔赛宫中获得的也寥寥无几。这主要是因为国家的财政状况乱成一团，而且源于"捐纳"的资金盈余也减少了。宫廷开销在国家财政预算中排第三位，但其规模（约占5%）与军费和偿还昔日战争债务所需开支相形见绌。在财政方面，宫廷开支并非真正的大问题，但在政治方面，人们却如此认为。

国王试图通过节约在一定程度上解决日益严峻的财政问题，这一困境始于18世纪70年代，且在18世纪80年代反复出现。路易十四创立的仪式性日程安排依然存在，但各种活动的数量却越来越少。这进一步削弱了本已不复往昔的宫廷文化，也与路易十五和路易十六将自己在凡尔赛宫的生活变得更加私人化有关。路易十六统治期间，举办套房晚会的次数大幅减少。国王只在周日，偶尔还有周二，以及举行重大节庆和仪式时才会召见群臣。举办重大活动时，廷臣们仍会集中出现，但宫廷本身经常空荡得几乎令人尴尬。路易十六在宫廷仪式上那些笨拙且不自在的行为也于事无补。廷臣们开始习惯到宫廷中履行各自的职责，或前去参加每周的娱乐活动和舞会——但在一天结束时，他们就会掉转马车，回到巴黎。

这一时期凡尔赛文化声誉的衰退，因巴黎的崛起而显得格外突出，当时后者正处于其历史上最辉煌的时期之一。作为启蒙运动的大本营，巴黎的书报业发展迅猛，奢侈品和服装贸易兴旺发达，文化潮流被世界各地效仿。巴黎的辉煌使凡尔赛看起来更加凋敝、过时。曾受路易十四盛情款待的高级贵族们，如今在宫廷中摆弄着手指，发现比起"路易大帝"富丽堂皇但几近荒芜的宫殿，法国首都的快乐更加诱人。皇家宫殿是奥尔良公爵——他在宫廷中备受轻视——在巴黎的宅邸，那里事实上已成为撰写和印刷小册子的中心，在其引发的激烈政治辩论中，人们时常会对凡尔赛宫进行抨击：在某些方面，巴黎皇家宫殿成了凡尔赛宫的对立面。

因此，对高级贵族来说，凡尔赛宫的宫廷生活不再是令人羡慕的选项，特别是在空间压力日趋上涨的情况下。此外，因国家财政问题而导致的对宫廷开支的削减，进一步减少了获得晋升的机会。18世纪70年代，尤其是80年代，凡尔赛宫、民政机构及军事机构中的职位大幅削减，沉重打击了日渐疏离的宫廷贵族。裁撤闲职的尝试获得了一定程度的成功：到1789年，1750年时由王室支付报酬的全部职位中已有三分之一被取消。但由此获得的"捐纳"也随之减少了。在这种经济拮据的情况下，对玛丽·安托瓦内特另起炉灶的任命体系，廷臣们开始心怀不满，因为宫廷中最显赫的家族通常都被排除在这种体系之外。路易十四曾想让凡尔赛宫成为一种团结、驯服高级贵族的手段，以此将他们置于自己的监视之下，以金钱和享乐豢养他们，但如今，这已经不再生效了。

心怀不满的廷臣开始反抗王室，这些人的恶意中伤将始终伴随着国王和王后，直到他们撒手人寰：路易十六阳痿，在政治上不堪大任，而且嗜酒如命；玛丽·安托瓦内特是个贪得无厌的荡妇，利用其丈夫的无能，肆无忌惮地寻求肉体上的欢愉。据说王后还努力提高奥地利人在政府中的影响力，并控制她的丈夫，使大量金钱流入富有且懒散的阿谀奉承者的腰包，还将国家的财政收入浪费在她挚爱的小特里亚农宫的村庄上。

针对玛丽·安托瓦内特的批评不可避免地波及了整个王室。大部分廷臣虽然对国王满怀愤恨，但仍希望一座资金充裕、管理妥善的凡尔赛宫能够继续存在。可那些在政府之外、身处日趋活跃的公共领域的人——特别是在巴黎——开始更加迫切地质疑绝对君主制的可行性，以及凡尔赛宫在其中的地位。通过非法的八卦传单，各种有关王室成员（特别是王后）在凡尔赛宫里奢靡生活的耸人听闻的流言在公众间广泛散播，以将凡尔赛宫的名字拖入泥潭为乐。

越来越多的人开始相信，凡尔赛宫应该为自1786年以来始终困扰法国的破产威胁负主要责任。凡尔赛宫不再被视为法国繁荣与庄严的象征，而被认为是国家资源的负担：对民众有害而无益。

廷臣们不再被看作国家的脊梁，而是无情的寄生虫。例如，18世纪80年代末，法国各地的面包价格飞涨，并造成大范围的饥荒时，王后却在她小特里亚农宫的美丽农庄里，扮演朴素的挤奶女工，这令人几乎怒不可遏。在某种程度上，凡尔赛宫成了自身大肆宣传的受害者。它傲慢的规模使它看起来更像降临在法兰西民族头上的灾难，而非眷顾。它阻碍着君主制的发展，已经与时代格格不入，只能被摧毁，或是接受彻底的变革。

* * * * * *

走向共和：探寻新角色

在凡尔赛宫的历史上，5月5日和6日是值得纪念的日子。1682年5月5日，人们为第二天路易十四的到来做足了准备，他会将他的宫廷和政府安置在这里，为法国君主制历史上最辉煌的篇章之一揭开序幕。107年后的1789年5月5日，其玄孙路易十六在这里召开了三级会议，这是自1614年以后，法国这种古老代表会议的首次召开。此前的三级会议均在巴黎召开，那时的凡尔赛只不过是一座小村庄。1789年在这里召开的会议是对君主制——以

路易斯-莱奥波德·博伊的画作展示了凡尔赛宫的室内网球场，这里以作为"网球场宣言"的宣布场所为人所知。

及凡尔赛——发生的巨大变化的承认。

凡尔赛宫里没有任何一处空间能容纳1200名代表，因此会议在通风良好且经过翻新的欢宴厅中举行，它于1786年修建于圣克卢大街。在向人群发表的讲话中，路易十六强调他们应团结一致，共同解决已经威胁到国家偿付能力的财政危机。但第二天代表们集中起来准备议事时，他们却无法决定如何进行。第三等级的平民代表担心自己会受到其他两个"特权"等级（教士和贵族）联合起来的针对。他们也对贵族为了提高自己的利益而高高在上地使用宫廷礼仪的行为感到憎恶。因此，他们决定稳坐不动，即便法国破产在即，也拒绝参与议事。

这场过程式的争论始于1789年5月6日——路易十四于1682年迁居凡尔赛宫的纪念日，并迅速演变成一场重大政治危机，进而开启了革命进程。6月中旬，第三等级宣布单独成立国民议会，并接纳贵族和教士加入。6月20日，国王试图重新夺取主动权，他关闭了欢宴厅，于是议会转移到宫殿附近的一座网球场。在这里，代表们宣誓"绝不分开，在任何情况下都团结一致，直到制定出王国的宪法，并将其置于坚实的基础之上"。7月9日，议会更名为"国民制宪议会"，并要求国王撤走自6月末以来集结在凡尔赛和巴黎附近的大批军队。

7月14日，巴黎人攻占了巴士底狱，而后者被普遍认作波旁王朝滥用权力的象征，这进一步推动了革命进程。然而，路易十六本人依然能得到一些支持。1789年7月17日，他进入巴黎，试图平息混乱，受到巴黎民众的热烈欢迎，人们为他欢呼，称他为"法国自由的重建者"，并为他同意佩戴象征城市与君主制联合的三色帽徽而欢欣鼓舞（红、蓝两色是巴黎的代表色，而白色则象征着波旁王朝）。

大多数反对君主制的人依然倾向于宽恕国王，并将怒火转向廷臣，认定其中藏匿着"邪恶顾问"。事实上，这就是所谓的"十月事件"（1789年10月5日—6日）发生的背景，王室也因此迁回巴黎。9月末10月初，对面包价格飞涨（被归因于受与王室有关的投机者和囤积居奇者的影响）的不满在首都爆发。记者和小册子作者声称凡尔赛宫试图用饥饿压垮巴黎的革命。10月1日，事态发展到了顶峰，据说当天在为王室卫队举行的宴会上，士兵和廷臣将三色帽徽扔在脚下践踏，并扬言要以武力镇压革命。巴黎的愤怒引发了民众向凡尔赛宫大规模游行。他们公开暴乱，并威胁要攻击王室，如今已被视为路易十六身边最邪恶谋士的玛丽·安托瓦内特尤其处在危险之中。讽刺的是，她正是通过路易十六修建的连通她卧室的国王通道，才侥幸逃脱被私刑处死的命运。*得益于国王、王室以及事实上的国民议会将迁往巴黎的决定，事态避免进一步走向混乱。在登上将搭载他前往首都的马车时，路易十六似乎对正在发生的巨大变化了然于心，他转向宫殿总管拉图尔迪潘伯爵，殷切地说："你依然是这里的负责人。试着为我拯救

★ 见第三章，第76~77页。

可怜的凡尔赛宫吧。"[1]与此同时,有人注意到,"宫殿中唯一能听到的只有关紧大门和百叶窗的声音,自路易十四时期以来,它们从未被关上过"。[2]

在巴黎,王室被安置在破败不堪的杜伊勒里宫中,实在落魄。"这里太糟糕了,妈妈。"6岁的太子说。玛丽·安托瓦内特带着一种听天由命(这并非她的强项)的神情回答道:"我的孩子,路易十四曾住在这里,他觉得非常舒适。"[3]离开凡尔赛宫后,国王一家试图接受——并几乎立即感觉自己像囚犯一样。1791年6月20日,路易十六与玛丽·安托瓦内特逃离革命中的巴黎,试图与驻扎在法国东部边境附近城市蒙梅迪的反革命军队取得联系。第二天,他们在距目的地仅48千米的瓦雷纳被捕。这件事使路易十六与巴黎民众之间,以及实际上与整个国家之间的关系趋于恶化。1792年,对抗欧洲旧制度的战争一开始,国王的失败就被视为对革命

的彻底背叛。对奥地利和普鲁士战败的耻辱导致了1792年8月10日巴黎的大规模暴乱，迫使国民议会宣布国王退位，并于9月22日宣布成立共和国。

路易·卡佩的头衔被剥夺，成了普通公民，并因叛国和与入侵的普鲁士军队（于9月20日在瓦尔密被法国革命军击退）相勾结而受到审讯。1793年1月15日—17日，于上一年秋季经选举产生的国民议会判其死刑；1月21日，路易十六在革命广场（今协和广场）被推上断头台。国王没能适应大革命并不令人感到奇怪。人们能将路易十六带出凡尔赛宫，但要想将凡尔赛宫从路易十六身上夺走却难得多。

离开凡尔赛宫的波旁王朝，失去波旁王朝的凡尔赛宫

在从1682年到1789年的一百多年里，凡尔赛宫一直掌握着法国历史的脉动。1789年以后，凡尔赛宫始终是（而且今天依然是）国家历史的接收者——而且那时，大多数时候，大部分历史都是在巴黎创造的。这座童话式的城堡、至高王权的象征在1789年轰然坍塌，跌落神坛。巴黎为路易十四及其继承人对自己政治地位的削弱报了仇。

在旧制度的最后几十年里，大量民众将对凡尔赛宫的敌意直接转向宫廷。宫廷的开销（尽管事实上他们是以被过分夸大的数目为基础）一直被认为是法国大革命的主要诱因之一。

图中巴黎市场的妇女带着大炮游行前往凡尔赛，那里将
成为发生于1789年10月5日—6日事件的舞台。

如今凡尔赛宫存在的意义是什么？在1789年10月国王搬离此处，且1792年八九月间君主制被推翻、共和国成立后，这一问题更显迫切。应该如何处理一个由君主制创立、旨在服务并美化这种制度的机构？在一个现代、后专制主义的共和时代，凡尔赛宫应如何自处？

在法国政治和宪法历史接下来两个世纪的风云变幻中，对这一根本性问题将会产生许多不同回答。自大革命爆发以来，法国经历过两次君主统治（1815—1830，1830—1848），两个帝国（1804—1815，1852—1870），以及在1940—1944年纳粹占领期间的维希政权（很难对其进行归类）。从长远来看，共和主义政体依然占据优势，即便曾先后出现至少五个政权（1792—1804，1848—1852，1870—1940，1946—1958，1958至今）。政权更迭间，关于凡尔赛宫的未来的问题被从多个角度进行了探讨。然而，对他们所有人来说，这其实并非至关重要的问题。1789—1792年，凡尔赛宫遭受了毁灭性的破坏。在接下来的几个世纪里，它虽未再遭到直接攻击，但却被彻底忽视。在之后的一个世纪乃至更久的时间里，荒废、瓦解以及对再利用那缺乏热情的努力将成为凡尔赛宫的命运。

少了国王掌控全局，凡尔赛的宫殿和城镇都迅速衰落。共和国面临着其他更紧迫的任务，尤其是与欧洲的战争。1789年，宫廷几乎顷刻间便土崩瓦解：少数廷臣追随国王前往杜伊勒里宫，但大多数人要么流亡国外，要么回到各自位于外省的领地。宫殿的行政架构及各项产业仍在自动运转，但从中获得的收入却一落千丈，就好像租客获得了免租期一样。随着宫殿里的家具开始被运往杜伊勒里宫，王室回归凡尔赛宫的可能性似乎变得越来越小，由此对城镇经济中的手工业和服务业造成的打击导致人口大幅流失。这座城镇，一直以来服务于宫殿，如今却失去了存在的理由——没什么需要继续维系、服务的了。1790年，凡尔赛失去了作为国家象征的崇高地位，降格为新成立的塞纳-瓦兹省省会。*在19世纪的大部分时间里，凡尔赛是"一片悲伤之地"，正如小说家司汤达所说，"那里的人们在死于无聊之前，还会打个哈欠"。[4]它沦为一座小镇，直到1936年人口才恢复到1789年时的最高水平——70000人，这足以证明其地位的下降。

宫殿中的财富甚至流失得更快。在接下来的几年里，人们会继续讨论如何处理凡尔赛宫以及其中的藏品和动产。根据1792年末的一项决定，其中大部分绘画、雕塑、挂毯以及其他艺术品都被迁往卢浮宫安置，以充实那里已被定性为国家所有的艺术收藏。本着同样的精神，其他新的国立机构也分别获得了凡尔赛宫的藏书（国家图书馆）、科学仪器（工程技术学校）以及乐器和乐谱（歌剧院）。动物园的野生动物也被转移到新地点——位于巴黎东南部的植物园。

---

* 1790年，法国以新划定的83个省取代了旧制度下的行省制度，此举被视为加强国家统一的合理手段。如今法国有95个省。1968年，塞纳-瓦兹省被撤销并拆分成三个更小的省——伊夫林省、瓦勒德瓦兹省和埃松省。凡尔赛位于伊夫林省内。

俄国作家尼古拉·卡拉姆津悲伤地记录了由此发生的变化："没有了宫廷的凡尔赛就像一具没有灵魂的躯壳，城市也沦落为可悲的孤儿。"18世纪90年代中期的一位德意志旅行者对此表示赞同："凡尔赛失去了3万名居民。这个不幸的地方已经被遗弃了，宫殿无人居住，公园的大部分区域……无人照管。特里亚农宫的宫殿与住宅已经空空如也，一片荒芜，或已遭人破坏……在这些曾那样生机勃勃的地方，如今只剩悲凉、坟墓般的孤寂围绕着迷失其中的流浪者。"5

随着法国大革命日趋激进，要求将凡尔赛宫夷为平地的呼声变得强烈起来，正如人们在1789年摧毁巴士底狱一样。国民议会中的一名代表提议在凡尔赛宫张贴"出售或出租"的海报，而另一位则要求将宫殿拆毁。6但凭借1794年5月5日（又是这一天！）法令中有关"国有化"的条款，凡尔赛宫得救了。法令规定凡尔赛宫（及其他许多之前的宫殿）应"由共和国出资维修和维护，以供人民游玩，并创建有益于建筑和艺术的机构"。

在这样的背景下，仅是幸存就已是一项成就。其他王室宫殿和城堡就没有这么幸运：马尔利城堡被出售，成了制造棉织品和毛毯的工厂，而默东城堡则被改造为军用热气球试验场。凡尔赛宫的大部分地产也未能幸免：玛丽·安托瓦内特的小特里亚农宫被分批出售，一家酒馆和一座舞厅入驻其中；"大公社"建起一座军火工厂，19世纪早期，这里将成为一所军事医院；园林里，许多勒诺特尔设计的花圃都被菜地和果树取代；大运河被填平，变成了牧场。

到18世纪90年代末，人们试图利用凡尔赛宫进行更多富有想象力的尝试，以达到各种教育和资源保护目的。其中最成功的包括一所中学，以及创办于1797年的法国学院派专属博物馆。后者逐渐发展成一座与卢浮宫相互补的博物馆，专门收藏法国艺术家的作品，还设有一所附属艺术学校。

然而，对凡尔赛宫来说，1794年颁布的"国有化"法令无力回天。为了克服自然条件上的缺陷，路易十四在国家财政强有力的支持下，凭借惊人的毅力才建起凡尔赛宫。他的继承者也都始终如一地对其进行维护和扩建。但显而易见的是，在当时及整个18世纪90年代，无论政治意愿还是国家财力都无法与路易十四时期相比。凡尔赛宫破损失修，粗制滥造之风开始盛行，自然环境的影响也再次显现。此外，参观者纷至沓来，希望看到那座被人将其与君主制的虚荣、自私和专制联系起来的纪念碑。由于缺少足够的警卫，许多人离开时都从那些基本无人看管的房间和园林里带走了一些"纪念品"。政治也成了一个导致宫殿衰败的因素：国民议会颁布了关于公共建筑的"去王室化"法令，让一切象征君主制的符号（鸢尾花、王冠、权杖、国王半身像等）都被移走或摧毁。此外，资金短缺的政府组织了一系列拍卖活动，使大量不足以被纳入国家收藏的艺术品和器具散落在外。仅1793—1795年，就有约17000件物品被卖掉，其中甚至包括许多日常用品，如床、床垫、烛台、窗帘、酒瓶和厨房用具等。从其收藏、日常物质文化以及人的角度来看，凡尔赛宫正在瓦解。

难以想象的破坏，困难重重的拯救

西耶斯神父作为臭名昭著的政治掮客，当被问到在法国大革命最动荡的那几年里都做了些什么时，只是简单地答道："我活了下来。"同样的话也可用于凡尔赛宫。从某种角度来看，它因太过庞大、太过重要而难以消亡，但从长远来看，要想幸存下来，仅靠共和国在18世纪90年代为凡尔赛宫规划的有限而受拘束的用途或许远远不够。这一巨大难题使第一共和国之后的两个政权——拿破仑帝国（1804—1815）和波旁复辟王朝（1815—1830）感到茫然。它们没有为凡尔赛宫规划新的职责。

有人或许认为拿破仑会沉迷于凡尔赛宫的辉煌。将其政权与波旁王朝（以及与法国大革命）联系在一起是他索取政治合法性的重要策略之一：如1799年下榻杜伊勒里宫时，他选择了路易十六曾经的房间，而且参考波旁王朝的传统，他也为自己的宫廷（尽管是在巴黎而非凡尔赛）重建了一套礼仪规范。但很可能仅仅是因为凡尔赛宫对他来说还不够大："如果一个人不能做些能与路易十四的成就相媲美的事，"他说，"那最好什么也别做。"[7]退而求其次不是拿破仑的风格。他对宫殿主体建筑的投入仅限于一些最低限度的修复工作，包括在某些建筑的外观上布置装饰性字母"N"。仅仅维持房屋和园林正常运转便已耗资不菲，而且对拿破仑来说，战争显然占据了他更多的精力。他始终未对凡尔赛宫的未来作出判决，只是关闭了专属博物馆，将其藏品分散到卢浮宫和外省的美术馆。

但拿破仑却对特里亚农宫产生了兴趣，在他看来，与凡尔赛宫的主体建筑相比，这里没那么夸张，与他的性格更相符。1805年，他便发现了这里的潜力，但直到与约瑟芬皇后离婚后，他才开始认真对待这里，因为他需要他们夫妇曾居住的马尔迈松以外的另一处乡间住宅。1810年，拿破仑与奥地利的玛丽-路易丝成婚后，对两座特里亚农宫的修复工程也进一步加快了。

玛丽·安托瓦内特的这位侄女对这个地方产生了意想不到的兴趣，并且鼓动拿破仑像修复特里亚农宫的主体建筑那样，修复前王后那已破败不堪的小村庄。此外，据一名参观者说，她还以"童话般奢华"的风格将它们装饰一新。[8]他也在宫殿庭院召开宴会：当他惹人注目地与王后乘平底船在刚刚重新开挖的大运河上巡游时，附近的喷泉也运作起来。

如果说拿破仑只是凡尔赛宫的匆匆过客，那么他那两位来自波旁家族的继承者——路易十六的兄弟们：路易十八（1815—1824在位）和查理十世（1824—1830在位）——则几乎没有表现出更多的兴趣。他们都在路易十六的宫廷里度过了青少年时期。1789年10月，路易十八随路易十六一道前往巴黎，居住在卢森堡宫。1791年6月，国王逃亡瓦雷纳失败的同时，他却成功逃离了巴黎。从那以后，他便在欧洲范围内开始了凄惨的流亡生活——他弟弟也是如此，甚至比他流亡得更早：1789年，巴士底狱沦陷当天或之后不久，查理十世就离开了凡尔赛宫。

1814年波旁王朝复辟后，凡尔赛镇的居民为随之而来的人流涌动和商业复苏而欢欣鼓舞。新的员工被雇用，对衰退的全面反击正式开始：古老的王室象征重新出现在绘画、雕塑和装饰品中，房间被打扫一新。当时某个人注意到，"伟大的路易十四时代那些被湮没在尘埃和蛛网中的荣耀"，如今全都重见天日，但他也曾发现，只要打个喷嚏，那些丘比特像上的石灰就会被震得如雨点般落下。[9]

1814年，路易十八登基后，任何关于波旁复辟王朝会以某种与旧制度有关的形式回归凡尔赛宫的残存希冀都破灭了。拿破仑被第六次反法同盟击败后，路易十八于5月进入巴黎，几乎没有妥协的意思。但没过一年，面对从流放地归来的拿破仑，他不得不夹起尾巴，迅速逃离了巴黎。在短期爆发的内战中，凡尔赛宫被普鲁士军队占领，经受了战火的洗礼，也面临着巨大的威胁。但拿破仑于1815年在滑铁卢战败后，和平再临，老国王也得以回归。搭乘反法同盟的"行李列车"进入巴黎时，路易十八已经变得更加明智。他意识到，任何会使人联想到绝对君主制的尝试都会激发全国人民的不满，他也可能因此被推翻，于是做出了让步，通过了一部带有自由主义色彩的新宪法。他决定不再待在凡尔赛宫，而是居住在杜伊勒里宫。他对自己昔日的家做了些许改动聊以自慰，特别是重建了宫殿前院的"旧翼"，并将其重新命名为"迪富尔翼楼"，与对面的"加布里埃尔翼楼"相对称。对复辟王朝来说，"凡尔赛式"奢华太过昂贵，使其难以负担：拿破仑时期的法国曾靠征服所得维持，但如今却被迫退回其在1792年时的边境，这个国家处在困苦之中——而且还必须向击败拿破仑的反法同盟支付战争赔款。

作为路易十八的继承者，查理十世远比兄长保守，他对旧制度传统的痴迷从举行于1825年的盛大加冕礼便可见一斑：这场加冕礼以"国王的触摸"仪式告终。但即便是这样一位极其保守的统治者，在面对将凡尔赛宫打造成自己统治中心所需的时间和金钱时也感到畏缩。他住在杜伊勒里宫，也会造访乡间的圣克卢。他甚至允许进一步出售王室收藏中的珍品，这使人不由得想起法国大革命期间的拍卖活动。他与凡尔赛宫最后的联系十分悲惨。1830年的七月革命后，他被赶出巴黎，在意识到事态已经无可挽回、开始流亡前，他一度将自己最后的内阁安置在特里亚农宫。波旁王朝与其一手缔造的凡尔赛宫之间的联系就此彻底宣告终结。

穿越历史的拯救

七月革命后，路易-菲利普即位，彻底终结了凡尔赛宫作为王朝或宫廷所在地的历史，也不再允许它在法国的政治生活中扮演重要角色。七月王朝的新国王来自奥尔良家族。*这个家族对凡尔

★　次等王室家族，可以追溯至路易十四的弟弟奥尔良公爵菲利普一世。

下页图

霍勒斯·韦尔内于1846年为路易-菲利普国王所绘，背景是"加布里埃尔翼楼"，从中我们可以看到"献给法兰西全部的荣耀"（A toutes les gloires de la France）的标语。

1837年路易-菲利普的法国历史博物馆落成典礼。这幅画作聚焦于战争画廊，那里讲述了法国自早期以来取得的所有军事胜利。

赛宫并没有怀旧和眷恋之情。1715—1722年，正是担任摄政的一位奥尔良公爵将宫廷迁至巴黎，后来才由路易十五迁回凡尔赛。[*]路易-菲利普之父奥尔良公爵在路易十六的凡尔赛宫里拥有一间套房，并在他愿意的时候作为廷臣居住于此。但他的家和正式宅邸都在巴黎皇家宫殿，他更愿意在那里争取公共舆论，而不是在凡尔赛宫里奉承他的堂兄。作为波旁家族的害群之马，他受到了表亲及他们的派系成员的责骂。他对革命事业表现出了热情，于1792年当选为国民议会议员。即便他将自己的名字改为带有共和主义色彩的"菲利普-平等"，并投票赞成处决路易十六，可他本人还是被推上了断头台（1793年11月）。其父的命运使年轻的路易-菲利普为了自保转投敌营，而他此前正以沙特尔公爵的头衔在共和国的军队中服役。即便如此，国王依然传播着革命原则中的自由主义信念，这使他获得了精英阶层的支持，足以稳坐王位。

然而，这些并不是鼓励新国王复兴古老凡尔赛宫过去的成就，他本人也不喜欢那里。路易-菲利普确实在杜伊勒里宫里设置了宫廷，但他结束了古老的礼仪规范。他得意于"资产阶级国王"的身份，浑身散发着和解及妥协的精神。他希望，在人们看来，他的政权能将法国不同的政治传统和谐地统一在一起。这种意图促进了对凡尔赛宫的改造，并解决有关其存在意义的困惑：即位后不久，路易-菲利普决定将凡尔赛宫变成一堂面向法兰西民族介绍

---

[*] 见第三章，第57页。

法国的历史课。他认为，只有当人们普遍接受凡尔赛宫作为法国政治和文化生活中一股重要力量的生涯已经结束，其未来才能得到保证；只有当这里成为承载民族记忆而非君主权力的场所，其命运才会安然无忧，由此，凡尔赛宫成了法国历史博物馆。

决定一经做出，路易-菲利普便对重塑凡尔赛宫表现出了浓厚的个人兴趣，他在工程期间一周又一周地频繁造访那里，并由个人账户提供了大量经费。改造工程完成后，他为自己的杰作深感骄傲，并热衷于带领成群的小学生参观其中的画廊。他的愿景中最核心的部分，是通过绘画和雕塑作品来构建一部上迄远古、下至当代的法国视觉编年史。编年史的框架由宫殿里留存的收藏品搭建，但他也从法国各个博物馆和美术馆寻找可丰富其中的画作。即便如此，编年史仍存空白，于是路易-菲利普又订购了一些画作补充——批评者们毫不客气地形容其为"按平方米订购"。除了作为核心的法国编年史，这里还呈现了相关的其他历史，其中十字军史和加冕礼编年史都相当受欢迎，但其展览核心是战争画廊，其中描绘了法国历史上伟大的军事胜利，上至496年法兰克国王克洛维的托比亚克大捷，下至1809年拿破仑的瓦格拉姆战役。博物馆还藏有一幅描绘1792年瓦尔密战役的画作，那是法兰西第一共和国取得的第一场胜利，路易-菲利普本人也参与其中。在这些作品中，不同政治传统——君主制、共和制和帝国制——在意识形

下页图
拿破仑三世将凡尔赛宫作为其拉拢英国策略的一部分。
这幅画描绘的是1855年维多利亚女王访问法国，一场举行于凡尔赛宫歌剧院的盛大舞会使此行圆满完成。

态方面的融合是显而易见的，它们含蓄地表明路易-菲利普的政权应被视为法国历史的集大成者以及这个故事的圆满结局。

"献给法兰西全部的荣耀"的新画廊落成典礼于1837年6月举行，并取得了初步成功。人群涌向凡尔赛宫，维克多·雨果为"将一座君主制纪念碑改造成民族纪念碑"而向国王表示热烈祝贺。[10]然而没过多久，批评之声便如雨点般落下——事实上直到今天依然如此。国王调和不同政治传统的勇敢尝试并未使其中任何一方感到满意（特别是革命派，他们觉得自己受到了极大的欺骗）。民族故事若从国王、英雄、战争的角度，以吹捧性的口吻来讲述，会将更广大的社会力量以及整个思想领域排除在外。国王对历史画廊略显偏执的关注同样对凡尔赛宫的其他部分产生了消极影响。例如，令人惊讶的是，王室套房没怎么修葺，宫中的数百幅画作却都套上了一种特制的、易褪色的模具。虽然国王将特里亚农宫作为家庭的休憩场所，花费时间和精力进行现代化改造，但他很少在那里过夜。

由路易-菲利普的建设工程造成的拆除工作则更具破坏性。他选择将画廊设置在宫殿中曾供王室成员居住的一翼，并粗暴地抹去了内饰多彩、规模各异的房间中那些具有历史意义的装饰特色，修了一条单调乏味的长廊。"要想使凡尔赛宫得到复兴，"他向一位朋友吐露道，"必须消除区域上的分割，只要将这些鼠巢摧毁，就能使被侵占的空间失而复得。"[11]这些"鼠巢"曾属于先前的普罗旺斯和阿图瓦伯爵。作为奥尔良派，路易-菲利普在二者去世后对其进行了报复。此外，国王将对民族历史连贯性的追求置于艺术价值之上，导致画作在审美方面良莠不齐，许多作品极其平庸却也混杂其中（"我的继承者们会换掉这些画，"路易-菲利普为自己辩护道，"我只是想先搭起展览的框架。"）。[12]

无论历史画廊在品位上多么失败，且带来了多少附加伤害，路易-菲利普还是为凡尔赛宫找到了新的定位。在那个大众娱乐日益丰富的时代，将这座宫殿变成光辉的历史课堂还产生了增值效果，那就是也使其成了一处观光胜地。这得益于铁路的发展：1839—1840年，有两条连接法国首都与凡尔赛的铁路开通，为巴黎民众和以巴黎为主要目的地的旅行者提供了便利。旅游业还为凡尔赛镇的经济注入了一针兴奋剂。虽说住宿业发展良好，实际上，铁路服务也促进了从巴黎到凡尔赛镇往返一日游的发展（今天依然如此）。

虽然历史画廊中的故事情节强调七月王朝是文明和国家的终点，但很快就取而代之的新政权并未对其结构进行过多更改。在路易-菲利普被推翻并逃往英格兰后，法兰西第二共和国（1848—1851）宣告成立，但其存在时间太短，未能对国家做出长远规划，在拿破仑三世的第二帝国时期就更别提了。*这位皇帝建立了另外的画廊来纪念法国在1830年后对阿尔及利亚的征服，以及于19世纪50年代在克里米亚取得的胜利，但总的来说，他对凡尔赛宫

---

* 路易·拿破仑是拿破仑一世的侄子，他将自己从法兰西第二共和国的民选总统变成了法兰西帝国皇帝拿破仑三世。

表现出的兴趣并不如妻子：皇后欧仁妮对玛丽·安托瓦内特极为痴迷，她在国际艺术品市场上收集前王后的家具和收藏品，并在1867年赞助了一场有关其生平的展览；而拿破仑三世则在凡尔赛宫接待了一系列国事访问，偶尔给这里带来一些节日气氛。其中尤为著名的是1855年维多利亚女王的来访，当时还无意间留下了凡尔赛宫的第一张照片资料。这种新媒介将提高凡尔赛宫作为旅游景点的地位，特别是从19世纪的最后几十年开始，当时明信片正流行开来。

第三共和国：新方向

　　路易-菲利普的历史画廊似乎证明如今的凡尔赛宫不过是一座记忆剧场。但在第二帝国崩溃后，由于拿破仑三世在1870—1871年普法战争中的失败，以及随后第三共和国的成立，凡尔赛宫再次被置于法国政治的中心。1870—1871年冬季，巴黎被普鲁士军队围困，后者将凡尔赛宫用作自己的指挥部。他们在兵器广场上扎营，而镜厅则被用作伤兵医院。1814年普鲁士占领期间，曾于十几岁时造访过凡尔赛的普鲁士国王威廉一世就下榻在镇上，而他的首相奥托·冯·俾斯麦则住在一家高级旅馆里。1871年1月18日，也就是于1701年成立的普鲁士王国的纪念日，二人联手打造了一个令人震惊的戏剧化场景：在镜厅，威廉一世加冕成为已被统一的德意志帝国皇帝。一个月后，法国签署和约，条款包括支付巨额战争赔款，以及将阿尔萨斯和洛林割让给德国。

在凡尔赛宫标志性的镜厅里发生的这一幕，是一段长达75年的历史的开端，这期间，法德对抗是欧洲历史的主旋律。对法国来说，这是刺入民族灵魂深处的奇耻大辱。当法国及盟友在第一次世界大战中击败德国后，其政府毫不妥协地坚持，1919年的和平条约应在与当年相同的地点签署。即便这在一定程度上有助于法国人提高士气并重建民族自豪感，但法德对抗的历史远未终结……

到1919年，正如前文提过的，凡尔赛宫已经在共和主义的政治文化中取得了一席之地。第一共和国曾苦恼该如何处理这座宫殿；第二共和国过于短命，来不及思考这个问题；是第三共和国成功将凡尔赛宫纳入日常的政治生活中，但这一进程起初并不顺利。事实上，1870—1871年，凡尔赛宫一度被视为法国首都政治的对立面，而凡尔赛人则都是无情的反动派，全然与共和主义传统背道而驰。

1871年初，摇摇欲坠的第三共和国进行选举，当选的绝大多数是强势的保皇派，巴黎人因此以传统方式进行了反抗。取代了巴黎市政府的"公社"，推行激进的社会政策，导致新产生的国民议会迁往凡尔赛。国家政府和巴黎公社之间的对峙升级，并随着前者在1871年春季包围正在反抗的首都而演化为暴力冲突。5月21日—28日的"流血周"期间，政府军进入巴黎，以堪称"残忍"

下页图
这幅安东·冯·沃纳的画作描绘了1871年1月18日，俾斯麦在镜厅宣布德意志帝国成立时的情景。

的效率镇压了公社。约2万名公社社员及其他人员被即刻处决于巴黎的街道和公园，另外还有约4万人遭逮捕，其中许多人都被流放到了新喀里多尼亚。在凡尔赛宫，橘园和大小马厩被改造成关押负伤公社成员的监狱，而行刑队则在公园里实行枪决。

1871年的形势过于紧张，政府无法回归巴黎。此外，为镇压巴黎公社而蔓延的大火席卷了首都，许多公共建筑被毁，包括杜伊勒里宫、市政厅和法院。人们认为，国民议会和政府至少应该暂时留在凡尔赛。各行政部门纷纷迁入宫殿主体建筑——比之前普鲁士军官们闹出的乱子还大。两院也入驻其中：上议院驻于歌剧院，下议院则驻于南翼一处特别会议厅内。这两处空间的规模足够两院举行联席会议。

将凡尔赛宫作为法国政府的驻地是1870—1871年特殊情况下的举措。巴黎公社之后，保皇派一度成为国家政治的主导力量，而这一事实为这种举措提供了支持。然而，保皇派的威胁很快烟消云散。随着共和派在两院中赢得更多席位，政府回归巴黎的可能性日趋上升。1879年，共和派以多数票通过将政府迁回法国首都的提案。

近代以来，凡尔赛宫与国家政治生活的接触非常短暂，而且没尝到任何甜头。但在1879年政府迁回巴黎后，共和派议员心中的反凡尔赛情绪也几乎荡然无存，他们开始习惯待在宫里和镇上。宪法也允许凡尔赛宫在共和国内扮演一个虽小但并非无足轻重的角色。特别令人瞩目的是，议会两院在这里集会，共同选出总统。

这一惯例被第三共和国遵循至1940年，1944年后又被第四共和国承袭。1953年，勒内·科蒂成为最后一位在凡尔赛宫当选的总统。

根据1958年第五共和国的宪法，总统由全民普选产生，在凡尔赛宫选举总统的惯例就此宣告终结。然而很显然，此后作为共和国宫殿的凡尔赛宫开始扮演一种"超政治"角色：议会两院在这里通过宪法修正案。此外，这里还被用来签署和约（就像1919年那样）、举办国宴、接待来访政要以及召开国际会议。但这些就是凡尔赛宫的全部使命吗？令人开心的是，并非如此。一个全新且富有想象力的愿景已然出现：向法国以及更广阔的世界开放凡尔赛宫。

＊＊＊＊＊＊

保护：策展、遗产与陈列

1892年，凡尔赛宫迎来了一位新的领导者——皮埃尔·德·诺拉克。他只有三十岁出头，在凡尔赛宫担任过五年助理，这也是他仅有的博物馆相关工作经验。虽然经验相对不足，但德·诺拉克担任这一职位直至1920年。在某些方面，他对凡尔赛宫的影响在他于1936年去世后依然存在。在将凡尔赛宫带入现代社会方面，他作出的贡献无人能及。但矛盾的是，正如我们将看到的那样，比起放眼未来，他更多是在回溯往昔。

对那些当初令1789年的革命者感到困惑的问题——作为波旁王朝大本营和法国统治中心，凡尔赛宫在后专制主义时代应何去何从？——出现过各种各样的答案。之后的任何一个政权，包括

在19世纪的最后几十年里，风景明信片开始在游客间流行起来。

1815—1830年统治法国的波旁复辟王朝，都没有考虑过恢复其原始职能。奥尔良王朝给出了一个答案：将宫殿变成一座关于法国历史中那些光辉荣耀的博物馆。凡尔赛宫将由此为爱国主义事业服务，通过颂扬法国的伟大来消融政治上的阻碍。经历过19世纪70年代早期的几次动荡，在意识到政体的性质仍使君主制复辟存在可能后，第三共和国就基本接受了这种民族主义行为，并为这座曾经属于波旁王朝的宫殿安上了一个非政治化的仪式性角色。从19世纪末开始，凡尔赛宫就不再是政治辩论的焦点：它实际上已经共和化了。

然而，即便已经在某种程度上被接纳为国民生活的一部分，对凡尔赛宫这样富有挑战性的历史遗迹来说，大量的物质支持还是必不可少，而在这个问题上，第三共和国与其前任一样，都表现得极为勉强。到1892年，虽然进行了一些重建工作，但凡尔赛宫依旧是肉眼可见的破败。使问题更加严重的是，有些人本就希望它如此。世纪末的美学家们，如罗伯特·德·孟德斯鸠，痴迷于破碎的外立面和藤蔓密布的历史遗迹，怂恿凡尔赛宫这样的建筑"乖乖地死去"。普鲁斯特是孟德斯鸠的朋友，对此也极为赞同，他为对凡尔赛宫进行的现代化改造而叹惋，认为其应是"一个伟大的名字，悦耳又黯淡；一座王室墓地，有被树木环绕的林间空地、辽阔的湖泊和许多大理石雕像"。[1]1900年，两位到此游览的英国女士声称在特里亚农宫的庭院中看到了玛丽·安托瓦内特及其侍从的幻影，让这座宫殿看起来与其遥远、辉煌的过去依然存在着千丝万缕的联系。这种有关其曾经的居民仍在宫殿中游荡的神秘传闻吸引了人们广泛的注意。[2]

当德·诺拉克开始担任凡尔赛宫的馆长时，那里的管理者和档案保管员也都保持着这种"一成不变"的态度。德·诺拉克曾挖苦道，他们的保护观不过是让未被发现的宝藏永远无法重见天日。而他们对这位新同事提出的职业建议是："不要费力去管一座已无法吸引任何人的博物馆。"[3]

"德·诺拉克"模式

1937年，德·诺拉克以《凡尔赛宫的复兴》(*La Résurrection de Versailles*) 为题出版了其馆长生涯的回忆录，体现了他对保守派及失败主义论调的强烈反对。这本书还彰显出他的抱负之远大。他对凡尔赛宫所面临问题的分析鞭辟入里，极有预见性：首先，凡尔赛宫缺少财政资源；其次，它不能吸引足够的参观者；最后，在历史研究和馆藏保护方面都不够专业。通过对这些问题的回答，他勾勒出了将得到全部继任者遵循的指导方针。在向当局施压，要求获得更多资金的同时，他强调管理者也应该努力拓展收入来源渠道，特别是私人捐赠；应该利用增加的收入提高博物馆的水平，同时使用现代媒介提高宫殿在普通民众间的知名度；他们还应该推动博物馆在历史研究和管理方面的专业化，使之成为主流。

这种做法意味着凡尔赛宫是一座值得保护的历史古迹。可值得注意的是，自1789年以来的大部分时间里，事实并非如此：它曾是政府建筑、民用建筑，但从未被视为历史古迹。历史保护的

观念出现于18世纪90年代，当时的革命者试图挑出所有与旧制度有关的事物中值得保护的那些。1838年，国家历史古迹委员会宣告成立，并着手列出历史性建筑名录。委员会对保护和遗产[heritage，有关概念如今都被归入"遗产"（patrimoine）一词之中*]的见解体现出具有强烈时代特征的审美特点。值得保护的建筑不仅应拥有悠久的历史，还应在审美和历史价值方面符合当时的标准阐释。因此，在整个19世纪，古代和中世纪时期——尤其是随着哥特式风格的出现——的历史古迹优先得到关照。17世纪和18世纪的建筑则没那么受重视，而且在艺术史撰写方面的情况也同样如此：中世纪特别是文艺复兴时期的作品受到极高的推崇，而法国古典艺术则黯然失色。即便像路易十四的宫廷画师、凡尔赛宫神话的灵魂夏尔·勒布伦这样的人物，都受到广泛的轻视或忽略。直到19世纪末，随着17世纪、18世纪来自凡尔赛宫的法国艺术得到更多认可，这种情况才开始改变。这在世纪末欧洲各地的博物馆和艺术馆的发展中显而易见。1906年，凡尔赛宫的建筑及财产首次被列入国家保护名录之中。

这种地位上的变化正中德·诺拉克下怀。他强调对凡尔赛宫的保护不仅应基于其历史意义，更重要的是，要考虑其艺术价值。

---

* patrimoine和heritage在法文中均有"遗产"的含义，但前者更侧重于具有精神属性的载体，强调传承性，这在一些法国学者的著作中有所体现，如皮埃尔·诺拉主编的《记忆之场》（Les Lieux de Mémoire），弗朗索瓦丝·萧伊撰写的《建筑遗产的寓意》（L'allegorie du patrimoine）等。——译者注

1892—1920年，皮埃尔·德·诺拉克担任凡尔赛宫博物馆馆长，这标志着凡尔赛宫在波旁王朝结束后命运的一次转折。

德·诺拉克宣称，去政治化的凡尔赛宫是"举世无双的装饰艺术博物馆"。[4]随之而来的行动纲领完全没有试图以现代化为基础勾勒凡尔赛宫的未来。路易-菲利普的博物馆曾以代表而非展示国家历史为其指导思想，如今这看起来就像是对奥尔良主义政权的过时宣传。在德·诺拉克看来，凡尔赛宫应通过重构向后代展现的"法国艺术中的至美瞬间"[*]来建立自身价值，这是它在现代社会的立足之本。德·诺拉克对凡尔赛宫的"复兴"包括重现它在波旁王朝统治下辉煌时期的精神——放弃了19世纪对现代化的追求，坚持让时光回溯，而非展望未来，因此让宫殿最初的面貌得以重现。

德·诺拉克的方法还暗示，剥离了先前的政治背景，凡尔赛宫未来的命运应更多掌握在博物馆管理者和历史学家手中，而非统治者和政客手中。德·诺拉克本人便兼具前两种身份。他本打算成为研究意大利文艺复兴的学者，在前往凡尔赛宫任职前，他在梵蒂冈的图书馆发现了未知的彼特拉克手稿。当时历史学的专业化对他的研究起到了很大影响，特别是创建于1868年的法国高等实践大学，侧重于由受过专业训练的历史学家进行文献研究。对文献的研究不仅能揭露过去那些被隐藏起来的方面，还能破除随时间推移而形成，并因广泛传播而被足够多的人相信的神话。这种实证主义方法有其局限性，但也产生了巨大的影响，对关于

---

[*] 借用了1974年在巴黎造币厂举办的一场展览的主题——路易十五：法国艺术中的至美瞬间。

威廉·奥本的这幅画作描绘了1919年6月28日在镜厅签署《凡尔赛条约》时的情景。在画面的顶端可以看到勒布伦绘制的《国王亲政》。画作含蓄地将路易十四的伟大与和会期间琐碎的争吵进行了对比。

古迹及其居民历史的研究来说是一场彻底的革命。德·诺拉克曾在高等实践大学接受培训，并服膺于其原则。例如，根据一份早期绘制的标注了旧制度下宫中人员住处位置的文件，他完全颠覆了对宫廷等级制度的已有猜想。

1898—1931年，德·诺拉克就凡尔赛宫及与其历史联系最密切的人物撰写了十余部严谨的学术著作。他还定期在凡尔赛宫组织历史学会议和研讨会，学术地位也因他在1910年成为索邦大学教授而有所提高。此外，他的工作成果还表明，其研究并不局限于手稿，他还在宫殿的储藏室和阁楼中，探寻意想不到的宝藏。撰写凡尔赛宫的历史时，对其过去物质文化的再发现与文字记录同等重要。

这种学术革新在德·诺拉克改造路易-菲利普历史画廊的过程中发挥了重要作用，画廊已经过时了，且无法再激发参观者的想象力。德·诺拉克意识到，老国王把创造完整的历史记录置于任何关于真实性的概念之上，因此他改变了画廊中现有的布展原则和展品。许多表现为对伟大战争臆想的糟粕被清除了，空出来的位置则由德·诺拉克在宫殿中发现的具有卓越艺术价值的作品填补。在整座宫殿中，画作被尽可能地与同一时期的其他艺术作品陈列在一起。

德·诺拉克并不拘泥于根深蒂固的传统观点：他对历史画廊的相关理念和布局（以及整座宫殿的藏品）的彻底改变，也冒着疏远那些支持凡尔赛宫传统思想者的风险。为此，他发动了一场协调一致、经久不息的魅力攻势，将目标对准政治和文化精英中的核心人物。从达官显贵（包括路易-菲利普之子欧马勒公爵，以及拿破仑三世那令人尊敬的遗孀、前皇后欧仁妮，她曾对古老的凡尔赛宫进行个人投资）到文学巨匠，如龚古尔兄弟和阿纳托尔·法朗士，所有人都不断感受到德·诺拉克的严肃、礼貌、谨慎和热情。他还用自己的发现举办年度展览，专门展出那些被低估的艺术家的作品，如曾为路易十五宫廷中的女士们绘制肖像的让-马克·纳蒂埃。这些举措吸引了广大公众，他们如今可以尽情欣赏伟大的艺术作品，而不必担心会被认为是在对保皇派表示同情。在19世纪的大部分时间里，人们的焦虑始终聚焦于"波旁王朝存在复辟的可能性"这个问题上，但从今往后，对凡尔赛宫复兴及其家具修复的关注将占据焦点位置。

尽管起初担心这样做有损自己的权威，德·诺拉克还是对成立于1907年的"凡尔赛之友协会"表示欢迎，后者的模式复刻了1897年为卢浮宫成立的"友人"团体。这起源于《巴黎回声报》（*Écho de Paris*）的记者欧仁·塔尔迪厄发起的一场运动，旨在谴责宫殿大部分区域仍旧残破衰败、疏于管理。协会的创始委员会包括两位未来的共和国总统（亚历山大·米勒兰和雷蒙·普恩加莱）、文化名流（协会的首任主席是著名剧作家维克托里安·萨尔杜），以及值得注意的是，还有亲法的美国富翁。

1914年，战争的爆发中断了德·诺拉克的事业，并带来了相关问题。同年秋季，面对德军极具威胁性的攻势，一些珍贵的艺术作品被分散保管，其他的则被保存在加布里埃尔翼楼的地窖里。1918年，出于对空袭的恐惧，凡尔赛宫更是进一步采取了紧急措施。但在很大程度上，凡尔赛宫的生活一如往常，只不过在通常的参观、会议和研讨会中，增加了为国募捐的慈善活动。

1871年普法战争后，在镜厅签署的和约使法国失去了阿尔萨斯和洛林，同时标志着德意志帝国的诞生。1919年，决定在同一地点举行结束第一次世界大战的和约签署仪式无疑是一种报复，也是让凡尔赛宫的历史与第三共和国的历史紧密相连的重要时刻。从此以后，凡尔赛宫不仅是君主专制的产物，还是共和主义胜利的象征。这也见证了德·诺拉克退休的时刻——在此之前举办了最后一场展览，旨在向法国在美国独立战争中所作的贡献致敬，这场战争在1783年以另一份《凡尔赛条约》宣告终结。在他的领导下，凡尔赛宫实现了共和化，他对凡尔赛宫未来的愿景也被管理者们奉为圭臬。

从德·诺拉克到范·德·肯普

德·诺拉克保护凡尔赛宫时的一个核心观点是，国家资金永远不够，对这样一座综合性历史古迹来说，私人捐赠永远是必要的。在其退休后的几十年里，这种观点始终正确，部分原因在于法国各地被列入名录的历史古迹数量大幅增长：德·诺拉克于1887年入职凡尔赛宫时只有1702座，而到1920年则增加到了4400座。此外，战争使其中许多古迹遭到破坏甚至摧毁，特别是那些靠近西部战线的，这使对国家资助的需求大幅增加。但援手就在眼前：1918—1919年，凡尔赛宫的主要经济来源之———美国慈善事业，就已经体现出了自己的存在感。

　　1919 年，在凡尔赛宫举行签字仪式的决定或许会被认为是沙文主义的耀武扬威行为，就像夏尔·勒布伦在宫殿天花板上绘制的一系列颂扬路易十四军事胜利的著名画作一样，极具挑衅性。＊但事实上，法国总理乔治·克里孟梭对这一选择的提议得到了美国总统伍德罗·威尔逊的热情支持。这凸显出在英语世界中，凡尔赛宫作为西方文明象征的影响之深，而且在北美尤其引人注目。

　　战前，德·诺拉克争取亲法富豪经济支持的策略已经取得了一定成功。在镀金时代，凡尔赛宫是美国大亨们设计自己的宅邸时参考的样板之一，如 1888—1892 年在罗得岛州建造的云石别墅便是特里亚农宫的翻版，而且这只是一个例子，代表着当时建筑领域诸多类似的致敬行为。戈登·贝内特是创始了《纽约先驱报》（ *New York Herald* ）的出版巨鳄，他是一种互补趋势的典型：富豪们模仿芒萨尔和米克的风格，在凡尔赛镇上修建临时住所。这些人时常将子女送往巴黎，完成有关“文明”的课程教育，还在国际艺术品市场上搜集凡尔赛光辉时期的作品。第三共和国对这种迷恋起了推波助澜的作用：1904 年于圣路易斯举办的世界博览会上，法国馆展出了塞夫尔瓷器、高布兰挂毯等艺术品。从这个角度来看，德·诺拉克在 1919 年筹办的最后一场展览，以美国独立战争为主题，是为吸引美国富豪而投下的巧妙诱饵。

＊ 见第二章，第 37 页。

1940—1944年，德军占领了凡尔赛宫。镜厅作为1871年德意志帝国的诞生地备受欢迎，在那段艰难时期，这有助于对宫殿的保护。

　　这种跨国交流，为从两次世界大战之间开始的来自美国的大笔捐赠打下了基础。事实上，这已经变得至关重要。凡尔赛宫的建筑（特别是园林）状态非常差。1922年，政府同意宫殿向参观者征收门票，这似乎是出于经济困境的无奈之举。随后在1924年，共和国总统雷蒙·普恩加莱意外收到了来自标准石油公司继承人小约翰·D.洛克菲勒的100万美元捐赠。在此前一年，洛克菲勒游览了法国的众多文化古迹，如今选择了凡尔赛宫、枫丹白露宫和兰斯大教堂作为其资助对象。1927年他又追加了185万美元捐款。

其捐款的四分之三都被投入凡尔赛宫，用于一整套修复工程。[★]

在两次世界大战期间，对凡尔赛宫的学术研究继续发展，并因皮埃尔·维尔莱馆长发现了凡尔赛宫中的大部分家具而获得了额外助力。这些家具自1789年以后始终流失在外，如今被发现依然保存在法国各地的博物馆、美术馆、仓库和货栈中，因此可以被鉴别，并有希望物归原主。在两次世界大战期间，德·诺拉克的后继者们沿用了其方法，继续致力于宣传和争取私人捐助。1937年，一场纪念路易-菲利普历史画廊落成百年的展览取得了巨大成功，1939年纪念法国大革命150周年的展览也是如此，但在同年9月第二次世界大战爆发后，凡尔赛宫的休展时间被迫提前了。

凡尔赛宫已经开始为战争做准备，因为这场战争会带来前所未有的破坏风险：窗户用木板封住、宫殿的椽子做了防火处理、艺术品被放入储藏室，还有许多物品被送往外省的避难所——例如1919年签署《凡尔赛和约》的桌子。结果，纳粹占领军对凡尔赛宫还算文明，毕竟德国人十分崇敬这处作为德意志帝国诞生地的历史古迹，镜厅也成了德军士兵（他们通常都会向1919年签署《凡尔赛和约》的地方踢上一脚）到巴黎度假时的朝圣之地。幸运的是，将这里改造成叛国投敌的维希政权总统马歇尔·贝当宅邸的方案未能实现：此举将会以一种有害于宫殿未来的方式使其重新政治化。那几年相对的平静到1944年随时可能被打破——随着

★ 见附录，第189页。

盟军在诺曼底登陆，凡尔赛宫面临着遭受轰炸的危险。最终，虽然凡尔赛镇上有人员伤亡，但宫殿及庄园未受波及。

但纳粹的占领却以另一种方式造成了破坏，因为那中断了凡尔赛宫里无时无刻不在进行的修缮和重建工程。战争期间缺少工程所必需的人力、资金、原材料以及燃料——20世纪40年代的寒冷冬季，这让许多房间都结了冰。1951年，一场猛烈的暴风雪导致镜厅漏水。艺术部部长安德烈·科尔尼警告说危险已迫在眉睫，并在1952年采取了意想不到的行动：在广播中号召公众捐款。"凡尔赛宫危在旦夕，"他告诉听众，"这意味着，西方文明可能失去一艘旗舰。它不仅是法国必须奉若珍宝的艺术杰作，而且对我们每个人来说，都是法兰西不可或缺的象征。"[5]

这是真正的挑战，检验了自皮埃尔·德·诺拉克时代以来，对凡尔赛宫公众形象重塑的成功，并产生了十分积极的影响。公共募捐行动在社会各阶层都引发了广泛的共鸣，不仅在法国，还包括其殖民地甚至整个世界。"凡尔赛宫保护运动"全国委员会的成员都是杰出的政治、社会和文化名流，几十个地方委员会也是如此，它们都对承担的任务充满了热情。

大约在同一时间，另外两件引人注目的文化盛事进一步巩固了凡尔赛宫在法国民族情感上的地位：首先，发明于1953年的全新声光技术开始在宫殿中启用，受到极大的欢迎；其次，1954年，

1954年萨卡·圭特瑞轰动一时的广告海报。
这幅海报唤起了人们对1789年10月5日—6日
巴黎民众进军凡尔赛的回忆。

萨卡·圭特瑞的浪漫历史题材电影《凡尔赛宫艳史》（*Si Versailles m'était conté*）上映，影片以波旁王朝时期的凡尔赛宫为舞台，阵容强大，众星云集，包括菲利普-杰拉尔、让·马莱、奥逊·威尔斯、克劳黛·考尔白、伊迪丝·琵雅芙及碧姬·芭铎等。电影的部分票房被投入保护凡尔赛宫的行动。

另外，1953年也标志着一个转折点，因为在这一年，年轻且富有活力的杰拉尔德·范·德·肯普被任命为凡尔赛宫博物馆馆长，直到1980年才卸任。范·德·肯普极富个人魅力，年轻时曾在法国外籍军团服役；作为一位年轻的管理员，据说他曾在第二次世界大战期间将《蒙娜丽莎》藏在自己的床底下，以避免其落入纳粹之手。在任期间，他被证明是一位精明的政治高手。他对戴高乐主义者的公开支持使他在1958年第五共和国成立后获得了极丰富的政治资源，这被他用来为凡尔赛宫的利益服务。1966年，他与夏尔·戴高乐协商，将特里亚农宫的一部分（所谓的"林下特里亚农宫"）转让给法国总统。凡尔赛宫还永久性地成为共和国总统举行国家仪式和接待外国元首的场所。1957年英国女王伊丽莎白二世来访时为修缮一新的歌剧厅揭幕，便是早期的光辉范例之一——苏联领袖赫鲁晓夫和美国总统约翰·F.肯尼迪也分别在1960年和1961年先后造访凡尔赛宫。

但范·德·肯普远非一个政治操盘手。在满足了维护凡尔赛宫在民族情感中地位的需求后，他立即将改善参观条件放在首位。第一次，参观者被允许在宫殿中自由漫步，无须跟随导游，餐厅和现代化卫生设施也首次投入使用。这些全都发挥了作用：1954年关于玛丽·安托瓦内特的展览吸引了25万游客。20世纪30年代末，每年游客数量已达到100万（但根据记录，只有4000人在凡尔赛镇的酒店过夜）。到20世纪80年代，这一数字已接近200万，而且还在不断增长。

为筹备玛丽·安托瓦内特展，范·德·肯普通过向埃里·罗斯柴尔德男爵夫人借款来获得经济支撑和后勤保障。这样的联系是对症下药。在意识到存在对迎合公众和重新考虑游客体验的迫切需求的同时，范·德·肯普还借鉴了德·诺拉克的幸福公式，为博物馆寻求慈善资助。"保护凡尔赛宫运动"为他提供了一大批潜在的捐助者，北美广泛存在的亲法人士尤其受到他们的关注。小约翰·D. 洛克菲勒的五个儿子向"保护凡尔赛宫运动"捐出了25万美元。范·德·肯普与美国女继承人弗洛伦斯·哈里斯的婚姻进一步拓展了他丰富的人脉，使这对夫妇得以进入全球的慈善关系网。1970年，哈里斯创建了凡尔赛宫基金会，在更专业的层次上进行运作，也完善了凡尔赛宫之友协会的工作内容。

慈善关系网对实现范·德·肯普最伟大的抱负——用最初的家具装饰宫殿的房间——来说至关重要。这一目标与皮埃尔·维尔莱在20世纪30年代提出的挑战一致，也与皮埃尔·德·诺拉克早期的愿景一脉相承：诺拉克希望，让凡尔赛宫回归其在旧制度下的光辉岁月，以寻求其未来。1961年，通过让政府承诺，法国各地的公共机构有义务将各自财产中任何来自凡尔赛宫的作品物归原主，范·德·肯普在一定程度上实现了自己的想法。尽管一些持有者强势到足以拒绝这一要求——比如卢浮宫，尽管也归还了一些珍品，但可能永远不会交出《蒙娜丽莎》——还是有数量可观的作品通过这一途径回到了凡尔赛宫。但事实证明，国际慈善事业才是"遗失的"凡尔赛宫艺术品最重要的来源。范·德·肯普从世界各地的捐助者那里不仅获得了巨额资金，还得到了他们在艺术品市场购买的藏品——这些人将它们无偿捐给了凡尔赛宫，如戴维·洛克菲勒便捐出了一幅玛丽·安托瓦内特在凡尔赛宫和杜伊勒里宫期间的刺绣作品。

这些捐赠在范·德·肯普任职期间举行的一系列荣誉性仪式中得到了凸显，包括1958年的歌剧厅揭幕式（在1957年伊丽莎白女王的访问中发挥了重要作用），以及大特里亚农宫（1966年）、曼特农夫人和王后的套房（1975年）、镜厅和国王卧室（均在1980年）的重新开放仪式。有批评者提出，为了使某些房间"看起来"布置完善，范·德·肯普不得不依赖当地的熟练工匠团队，并且在某些房间里，他还谨慎地使用塑料来替代水晶。但即便如此，他取得的成就依然无与伦比。

1978年，一群来自布列塔尼的民族主义者将一枚炸弹放置在历史画廊上。这造成了一定程度的破坏，但更重要的是，激起了整个公众群体的强烈愤慨。这表明凡尔赛宫已超然政治之外，成为民族团结的象征。在一系列具有远见卓识的领导者的巧妙指导下，凡尔赛宫已经在共和国的阳光下获得了无可替代的地位。

******

结语

杰拉尔德·范·德·肯普于 1953—1980 年在凡尔赛宫任职——有人更倾向于说是统治——期间，巩固并更新了在上一个世纪之交由其前任皮埃尔·德·诺拉克奠定的旨在维系凡尔赛宫生存与繁荣的准则。从本质上来讲，这些准则依然适用，尽管其特征和不同要素之间的平衡——取决于私人捐助、国家拨款、商业敏感度、对参观者满意度的关注以及在凡尔赛宫历史方面的专业水准——已经在许多方面发生了变化。

　　最大的变化是凡尔赛宫的运营环境。范·德·肯普上任时，凡尔赛宫在经济上只能勉力维持，而且很难与时代建立起联系。到他离任，受国家遗产观念的影响，公众和国家的投入水平明显发生了巨大变化。从 20 世纪六七十年代开始，这一观念进一步拓展到自然和更加广义的文化遗产领域，并涉及私人所有的历史文物。1962 年，文化部部长安德烈·马尔罗提出的法律引入了所谓的"保护区域"概念，由此可对包括整个街区在内的历史和文化遗产进行保护，如巴黎的玛黑区。历史遗产的认定时间不再局限于 1800 年以前，埃菲尔铁塔因此得以在 1964 年首次被列入其中。国际遗产运动在法国取得了进一步发展：1975 年的欧洲遗产年，以及联合国教科文组织在 20 世纪 70 年代早期对世界遗产名录的建立，在其提高国际认知方面都有着重要的意义。1979 年，凡尔赛宫被联合国教科文组织列入名录。截至 2017 年，法国已拥有 43 处此类遗产，数量位居世界第四（排在意大利、中国和西班牙之后）。有个显著标志能证明遗产运动取得了多大反响，即前往法国

1999年12月26日，飓风席卷凡尔赛，对公园和园林造成了巨大破坏：约1万棵树木被毁。

各个博物馆参观的游客人数急剧增长：从1960年的500万到1992年的1400万，几乎涨了两倍。这一趋势在凡尔赛宫同样有所体现：截至2000年，参观人数累计已达200万。

　　遗产运动还推动了学术研究的发展，这是诺拉克范式的重要组成部分。作为出版人和历史学家，皮埃尔·诺拉提出了"记忆之场"这一概念，开始对民族历史、集体记忆与个人体系之间的关联进行大量富有想象力的探索。[1]从20世纪80年代末90年代初开始，凡尔赛宫成了激动人心的新研究课题，并一直延续至今。2006年以后，这一工作由凡尔赛宫研究中心主导，该中心将凡尔赛宫的历史置于更加广泛的欧洲宫廷文化背景之下。[2]

1995年，法国政府成立了凡尔赛宫、博物馆和国家园林公共管理机构（简称EPV），受文化部管辖，这是第二个重大的环境变革，使凡尔赛宫在行政管理上获得了相当程度的统一，同时拥有了更多自主权。[3]诚如其名，EPV的职权范围同时扩展到了地产和建筑领域，这使实施更加统一的管理方法成为可能。凭借其自主权，该机构推行了一项富有活力的发展政策，包括从中央政府手中收回部分宫殿和土地。林下特里亚农宫曾在1966年被让与戴高乐将军用于国事接待，后于2005年被归还给EPV。立法议会于19世纪70年代早期在宫殿南翼成立，后于1879年迁至巴黎，同样是在2005年，这里也被移交给EPV。至此，除了狩猎小屋、靠近动物园旧址的灯笼阁（萨科齐总统于2007年将这里变为总统的度假行宫），整个凡尔赛宫都处在EPV的管理之下。

EPV发展的第二种方式，是将凡尔赛镇上那些过去与宫殿有联系的地点打造成旅游目的地。网球场坐落在距宫殿入口不远处，见证了1789年6月富有戏剧性的网球场宣言，而这是那年上演的革命大戏中关键的一幕。网球场在1848年被法兰西第二共和国列入遗产名录——比凡尔赛宫早了半个多世纪。在荒废了数十年后，1989年，这里为纪念法国大革命爆发二百周年而被整修一新，如今已成为凡尔赛观光的一部分。同样，三级会议的召开场所也被纳入 EPV 的管理范围。从 1996 年开始，那里成了巴洛克音乐中心。同年，直至 1986 年一直作为军方医院的"大公社"被重新并入凡尔赛宫，目前正准备用作整个凡尔赛地区的服务中心。位于凡尔赛宫门口的马厩经过现代化改造，也成为观光者游览体验的一部分：从 2012 年开始，大马厩被改造成雕塑博物馆；到 2016 年，一座现代化的马车博物馆在这里重新开放。

始于 2003 年的关于扩建和现代化的努力，被置于得到国家支持的"大凡尔赛"方案内，计划在 2020 年前完成。一项关键目标是进行修复和翻新工程，其中最引人注目的是 2007 年对镜厅的全面整修。根据这一方案，国家每年将向 EPV 提供 2500 万欧元的资金支持——约占其总预算的四分之一。门票和商业活动的收入占

到预算的近一半。剩余部分在很大程度上来源于各种形式的慈善支持及赞助。

相较于过去，EPV 享有的自主权使其得以在更大程度上寻求新的赞助团体。1999 年成立的凡尔赛基金会及"凡尔赛之友"美国分支机构保证了来自美国的源源不断的捐助。值得注意的是，除了大约 20% 来自法国本土的参观者外，造访凡尔赛宫及其园林最多的是约占游客总数 14% 的美国人（相比之下，英国游客只占总数的 3% 左右）。自 2003 年起，EPV 逐步将收入来源多样化，从私人慈善捐助衍生出商业与国际企业赞助的新形式。例如，在修复镜厅和翻新凡尔赛宫迪弗尔翼楼的过程中，万喜建筑集团是其主要合作者。在如今重建玛丽·安托瓦内特小村庄的工程中，手表品牌宝玑正扮演着相似的角色。源自赞助的收入并不固定，但每年通常有 1500 万 ~ 2000 万欧元。1999 年的一场暴风雨导致凡尔赛宫约 1 万棵树木被毁，正是通过此类赞助，EPV 才渡过难关。

在 EPV 的管理及得到国家支持的"大凡尔赛"方案下，凡尔赛欣欣向荣。在最初的十年里，游客人数从 290 万增加到 400 万，并持续上涨。2016 年游客人数达到 670 万，使凡尔赛宫成为法国游客量排名第三的博物馆，仅次于卢浮宫和埃菲尔铁塔。*同时，EPV 还十分精明地使凡尔赛宫始终处在大众视野之中，尤其是通过与电影制片人合作，进行外景拍摄的方式。凡尔赛宫出现在上

---

* 巴黎迪士尼宣布的游客量是这一数字的两倍。这提醒人们，大众休闲的品位正在发生变化。

每当夏天的旅游旺季到来，每一位参观镜厅的游客都将面对人山人海。

百部故事片与电视剧中。历史学家们曾在索菲亚·科波拉执导的热门影片《绝代艳后》(*Marie Antoinette*, 2006)的剧本中发现漏洞：凡尔赛宫居然出现了十字转门。在艺术价值及艺术质量方面，EPV并无太大兴趣：例如，科波拉似乎暗示路易十六的王后是沉迷于时尚鞋子的恋物癖者；2015年的热播剧集《凡尔赛》则对路易十四宫殿中的纵情声色进行了夸张的展现。

毫无疑问，在考虑这些审美方面的缺失时，EPV会对自己因此获得的收入感到失望。相比之下，在吸引新的观众方面，每年为一位现代艺术家（他们明显偏爱那些离经叛道者）举办个人展览的决策则显得更为严肃。杰夫·昆斯的迈克尔·杰克逊雕像和气球雕塑主宰了2008年的首展，此后争论似乎从未平息，而村上隆作品展（2010）、安尼施·卡普尔作品展（2015）的展品惹恼了凡尔赛宫的传统主义者们。卡普尔不明智地将其作品《肮脏的角落》与玛丽·安托瓦内特的阴道相对照，招致了反犹主义涂鸦和人身攻击。[4]

如果说凡尔赛宫因为这些展览而频繁出现在新闻中，那么这一事件本身也凸显了其在吸引媒体和公众注意力方面取得巨大战略成功的同时，所面临的一些问题。[5]络绎不绝的游客给凡尔赛宫带来了巨大的压力：对参观者来说，各个国务厅和镜厅里无休止的拥挤和推搡是种略显恐怖的体验。庞大的游客数量也导致一些家具和部分园林遭受破坏，同时，远比过去频繁的喷泉表演使部分设施上的雕塑受损。由于部分园林缺少监控，故意毁坏文物的案件激增。馆长们的保护工程和EPV管理者热衷的商业模式之间也出现了分歧。在近年来重点修复1789年前后（玛丽·安托瓦内特时期）的宫殿建筑和1715年前后（可以称之为勒诺特尔时期）的园林决策中，这一分歧逐渐浮出水面。矛盾悬而未决：一些最吸引人的小景观，例如，出自休伯特·罗伯特的前浪漫主义风格的阿波罗泉池建造于1715年以后，而荒废已久的17世纪景观则基本被重造了出来，对此有人指责，这可能会使整个地区成为千篇一律的"凡尔赛王国"。这项决策还抹去了园林中的19世纪景观，使其在保护工程中常常遭到忽视。为宫殿里的房间配备同时代家具的需要引发了各类丑闻。部分商人利用凡尔赛宫管理者对搜寻"老物件"的需求，以天价出售仿制品——最后由公众埋单，这些人因此受到指控。

但总的来说，与1789年的余波相比，凡尔赛宫如今面临的问题几乎微不足道。今天的宫殿和园林或许比过去几十年，甚至比过去几个世纪看起来状态更好。凡尔赛在民族情感中的地位似乎并未改变，事实上似乎还提高了。2017年，新当选的总统埃马纽埃尔·马克龙将凡尔赛宫作为展示政治实力的舞台，这说明政治家们再次关注到了这座非凡的、对世界而言富有历史内涵的文化遗产。

附录

附录中许多段落都摘自马蒂厄·达·维尼亚和拉斐尔·马森合编的《凡尔赛：历史、词典与文选》(*Versailles: histoire, dictionnaire et anthologie*，巴黎，2015）中有关凡尔赛的丰富资料。

1 设计凡尔赛

在自己的回忆录中，王室顾问（也是童话故事作者）夏尔·佩罗（1628—1703）为路易十四对凡尔赛宫早期发展的参与留下了精彩的一笔。

国王下令在凡尔赛修建洞穴，而我认为，由于陛下采用"唯我独尊"(Nec pluribus impar)作为自己的铭文，并在文字下方配上了地球的图案，而且凡尔赛宫里的大部分装饰都含有阿波罗和太阳的寓意，所以将阿波罗环绕地球后与忒提丝一同休憩的图案放在位于公园另一端的洞穴（那里已经被摧毁了）中十分得当。这将象征国王在完成了利于全世界的善举后来到凡尔赛宫休息……

在考虑了拆除旧城堡、再以一座全新的取而代之的计划后，国王依然希望保留原来那座小城堡。有人指出，城堡已面临着坍塌风险，而且有些地方已经弯曲变形。国王对此表示怀疑，并带着某种感情大吼道："随你们吧，但如果你们拆掉它，我会原封不动地将它重建起来。"

2 路易十四的娱乐

路易十四的弟媳、奥尔良公爵夫人帕拉丁公主（1652—1722）是那个时代最伟大的书信作者之一。在这里，她通过亲眼所见，记录下了国王平日的娱乐活动，即套房晚会。

套房晚会于每周一、周三和周五*举行。下午6点，宫廷中所有男士都聚集在国王的接待室里，而女士则聚集在王后的房间。之后所有人都前往会客厅（尚未完工的镜厅的一部分），那里有一个大房间，还有小提琴为那些想要跳舞的人伴奏。它一侧的王座厅里，有各种声乐和器乐表演；另一侧是国王的卧室，里面为他本人、他弟弟和王后支起了三张牌桌。有个大房间里有二十张赌桌，桌上铺着镶有金边的绿色天鹅绒桌布；有间宽敞的接待室，里面摆放着国王的台球桌；还有个大房间，里面有四张长桌，上边摆满了各种菜肴、水果馅饼和蜜饯等餐食。之后，人们走进一个有四张桌子的房间，桌上满是杯盏和各种酒类。用餐后，人们回到赌厅。那些不参与赌博的人——包括我自己和其他许多人——会从某个房间闲逛到另一个房间，听音乐或旁观赌局，每个人都可以去自己想去的地方。这些活动会持续到晚上10点，之后人们会去用晚餐。很显然这些都值得一看。如果人们能带着一颗快乐的心前来，这里的一切都将妙不可言。

★ 与第92页的"周一、周三和周四"冲突，但原文如此，故保留。——编者注

3 王家园林指南

路易十四本人在为造访他挚爱园林的参观者撰写的指南《凡尔赛宫园林的展示方式》(*Manière de montrer les jardins de Versailles*)中提供了一条严格的参观路线，以确保人们能够赞颂他的成就。

通过大理石庭院的门廊离开宫殿后，走上露台。必须在台阶顶端驻足，以思考花坛、水景和喷泉的位置安排。

然后左转，走下斯芬克斯台阶。在其顶端时应驻足打量南方花坛，从那里可以进入橘园，观赏园中栽种的橘树以及部分瑞士人湖。

右转走上露台，可以看到酒神巴克斯和农神萨图努斯的雕像。

之后登上靠近克利奥帕特拉雕像的露台，来到毗邻拉托娜泉池的最高一级台阶，在那里可以看到泉池及其周围的喷水口、蜥蜴、坡道、雕像、国王小径、阿波罗泉池以及大运河。之后必须转身，欣赏花坛和城堡。

之后走下坡道……

4 路易十四和他的廷臣

圣西蒙公爵在路易十四统治末期是其宫廷中的一员，这篇摘自公爵回忆录的短文展示了国王对将贵族吸引到凡尔赛宫来的执着。

国王在晨起仪式、就寝仪式、进餐时、经过自己的房间时，以及在凡尔赛宫的园林中时（只有廷臣们才被获准跟随左右），都会左顾右盼。他打量并注意着每个人，没有谁能逃过他的目光，就算是那些不希望被注意的人也一样。他本人会注意到哪些人不在，无论是总在宫里的人还是那些偶尔出现的人。他将缺席的个别原因与普遍原因结合起来，结果就是不会放过任何一个表现得体的时机。他认为，对自己和其他所有人来说，不使宫廷成为上等人的日常居所是一种缺憾，而对那些从未或者几乎从未到此的人来说，这显然是一种耻辱。当某人有求于他时，他会傲慢地回答："我从未见过此人。"最重要的是，他无法容忍那些在巴黎纵情享乐的人。他对那些偏爱乡村生活的人要宽容得多，尽管人们在这方面也必须有所节制，不然就得在去其他地方居住之前，先采取预防措施。

5 路易十五时代的凡尔赛宫

　　文策尔·安东，即冯·考尼茨－里特贝格亲王，在1751—1752年担任奥地利大公玛丽亚·特蕾莎的驻法大使，后成为奥地利国务大臣。在其斡旋下，法、奥两国于1756年签署了盟约。然而，考尼茨对路易十五时代凡尔赛宫的观察，在一定程度上表现出那里条件的恶劣，同时强调了相较于凡尔赛，廷臣们越来越偏爱巴黎。

　　国王不在时，凡尔赛宫就是一片真正的荒漠，而他一年里有十个月都不在。每当这种时候，只有那些不得不留在宫里的人才会继续待在这儿。他在时，廷臣们会与他一同狩猎，并在他的私人套房中共进晚餐——如果不吃，他们就会尽快返回巴黎，以掩盖自己的羞愧和失望。这些时候，人们通常只会看到一些女士出席，几乎没有男士，除了一些老迈的领主。在不必值守的两个星期里，侍女们也会前往巴黎，留下的人则不得不承担令人痛苦的职责——与王后玛丽·莱什琴斯卡共进世界上最伤感的晚餐……

　　在各种辉煌壮丽、精心安排的宏伟布置中，人们不时会惊讶地发现，有些行为与宫廷规范格格不入。凡尔赛宫的每间套房都总是挤满了人。那些有幸向王后献殷勤的男人甚至可以进入她的卧室。在王后的接待室里，人们会看到女仆和侍女们坐在一起，让人无法区分。

6 一位对凡尔赛宫不以为然的英国旅行者

大革命前夕，英国农学家阿瑟·杨格（1741—1820）前往法国旅行。从他在《法国游记》（*Travels in France*，1792）一书的现实描写中，丝毫感受不到凡尔赛宫如传说中那般恢宏。

国王的公开用膳仪式十分古怪，而非盛大。王后坐在他身旁，面前铺着桌布，但她却不吃任何东西，而是与站在自己椅子后面的奥尔良公爵和利扬库尔公爵交谈。在我看来，这是最令人不舒服的一餐，假若我是国王，我会把这些愚蠢的形式省去四分之三……

那些对凡尔赛宫的报道曾让我对这个地方抱有巨大期待，但它一点儿也不引人注目。我对它毫无感情，它也没有给我留下任何深刻的印象。有什么可以弥补统一性的不足呢？无论从哪个角度看，它都不过是一个建筑群，是城镇中一片辉煌的街区，却并非一座杰出的建筑。尽管到目前为止，园林前面是最美丽的，但却并不自由。大画廊是我见过的最迷人的部分，其他套房则一无是处，但其中的画作和雕塑都是著名藏品。除了礼拜堂，整座宫殿似乎都向全世界开放。为欣赏（王室仪式）游行，我们在庞杂的人群中穿行而过，他们中的许多人衣着并不光鲜，但似乎也无人盘问。

7 玛丽·安托瓦内特王后的微笑

夏多布里昂是19世纪早期浪漫主义诗人和作家的领军人物之一。作为一位年轻贵族，1789年7月法国大革命爆发时，他获得了进入宫廷的特权。在这篇短文的结尾，他提到了1815年自己在波旁王朝复辟期间扮演的角色，当时他参与了对在恐怖统治期间身首异处的王室成员的遗骸的发掘工作。

一位刚刚抵达巴黎的布列塔尼诗人恳请我带他前往凡尔赛宫。帝国被推翻时，那里有人正在观赏园林和喷泉……在王室做弥撒的时间，我带着朋友走进镜厅……王后带着她的两个孩子经过，他们的浅色头发似乎正等待着王冠降临。11岁的昂古莱姆公爵夫人既有高贵的地位，又有少女的纯真，她无瑕的尊严吸引了所有人的目光。年幼的太子在姐姐的保护下前行，图谢阁下跟在他的学生身后。他看到了我，并亲切地向王后引荐我。王后微笑着望过来，那是我进入宫廷那天她对我优雅的问候。我永远不会忘记这个微笑，而那不久之后便不复存在了。当这个可怜女人的头颅在1815年的挖掘中被发现时，对玛丽·安托瓦内特微笑时口型的记忆（这是个恐怖的联系）让我认出了这位国王之女的下颌骨。

8 1789 年的一份摧毁凡尔赛宫的计划

路易－塞巴斯蒂安·梅西耶（1740—1814）是巴黎著名作家、记者和政治家。大革命开始时，他提议彻底摧毁凡尔赛宫，但未被采纳。在讲述其在法国大革命期间所作所为的《新巴黎》（*Le Nouveau Paris*，1798）一书中，他为此进行了辩护。

只要凡尔赛宫还矗立在那里，就会赋予所有王室奴仆以勇气，滋长其背叛行为。由于人们非常重视象征意义，一旦国王的家被摧毁，出于政治方面的谨慎考虑，国王及其廷臣就会意识到革命是严肃且具有决定性的，他们也会参与其中，那么之后慷慨热忱的法兰西民族就不必抛洒一滴鲜血……

凡尔赛宫是一位伟大、骄傲、强势的国王的外衣，而今后将再也不会出现骄傲又强势的国王了。在这些特殊的情况下，人民应该倾听一位梦想家的声音。他坚信，真正的危险来源于允许这样一座作为各种政治阴谋中心的宫殿继续存在，它的名字搅动着四面八方的人们的思想，这与当时的新秩序格格不入。

9 给失落的凡尔赛宫的挽歌，1794

年轻的诗人安德烈·舍尼埃（1762—1794）在1789年持保皇派立场，他的《凡尔赛颂歌》写就于恐怖统治席卷巴黎之际，表达出强烈的哀伤情感。1794年7月，罗伯斯庇尔倒台前不久，他被送上了断头台。

噢，凡尔赛宫，噢，树林，噢，廊柱，

富有生命力的大理石，古老的摇篮，

由诸神和蒙恩的国王们装饰，

在你我看来，

宛如干草上的新鲜露水，

流淌着安宁与遗忘。

巴黎对我来说是另一个帝国，

只有到你这里我才能展露笑颜，

我的秘密头顶树枝冠冕，

因此，山峰和平原

会将我的脚步指引到邻近的乡野，

在三重弯曲的榆树下。

骑兵队伍，王室的奇观，

守夜的卫兵，

一切都烟消云散；伟大已消逝不见，

但沉寂与孤独，

昔日未知的神明，以及艺术和学术，

填满了如今的庭院。

......

啊！罪行的目击者，

如果人类公正且高尚

向幸福敞开心扉，

凡尔赛，你繁花盛开的道路，

你的缄默，遐想中的富饶，

将会充满欢乐和感官上的愉悦。

10 对昔日凡尔赛宫糟糕卫生状况的回忆

欧仁·维欧勒-勒-杜克（1814—1879）是19世纪著名的建筑理论家，在这里他记录了昔日宫中居民对旧制度时期凡尔赛宫的一种不同寻常的怀旧之情。

我们坦率地承认，在先祖的住宅、宫殿和城堡里，完全没有今天我们所必需的便利条件……在凡尔赛宫，由于缺少公共厕所，路易十四宫廷中的领主们不得不在走廊中小解……我们还记得路易十八时期圣克卢宫走廊里的那股气味，因为凡尔赛宫的传统也在那里得到了严格遵守……我年轻时曾与路易十五宫廷中一位受人尊敬的女士共同造访凡尔赛宫。经过一条臭气熏天的走廊时，她不禁发出一声带有遗憾的感叹："这种味道让我回忆起了一段非常美好的时光！"

11 路易－菲利普法国历史博物馆的优点与不足

德尔菲娜·德·吉拉丹（1804—1855）用男性假名为报刊撰稿，并在1843年以《巴黎来信》（*Lettres parisiennes*）为题，用真名出版了自己最好的作品。

路易-菲利普的博物馆即路易十四的凡尔赛宫，卑鄙小人和政客们曾打算将其摧毁，但路易-菲利普把它救了下来。毫无疑问，在曾经只允许使用大理石的地方看到橡木墙令人难过；毫无疑问，作为法兰西元帅的餐厅，这里的一楼缺少富丽堂皇的房间。但这些是谁的错？不是国王，而是当今的时代。今天的凡尔赛宫已不再是君主制大兴土木的产物，而是其统治者节约的成果……君主的第一要务是去理解他的时代，而纪念碑最重要的意义是代表它的时代。在我看来，路易-菲利普和新的凡尔赛宫在这方面已经履行了责任。如果时代不够美好，如果今天石膏代替了铸模，如果纸板代替了青铜，如果秃顶的议员代替了戴长假发的大使……这些都不是他们的过错。

12 皮埃尔·德·诺拉克对凡尔赛宫的"复兴"

皮埃尔·德·诺拉克于1886年入职博物馆，在20世纪初曾带领凡尔赛宫及其园林走向了复兴。这位极富远见的馆长在回忆录中（1937年出版时他已去世）认为，宫殿建筑、地产的糟糕处境与当时管理者的漠不关心有很大关系。

（路易-菲利普的博物馆）可以说坐落在一座曾生机勃勃的宫殿之中，里面堆满了意想不到的财富，但公众已对它们失去了兴趣——或者说，至少一部分民众不再被似乎将宫殿完全占满的军事题材画作所吸引。战争画廊里，人们只关注拿破仑画像以及贺拉斯·贝内特笔下的轻步兵。在色当战败以后（发生在1870年普法战争期间），第二帝国那些延续了路易十四时期绘画传统的伟大油画无法再触及法国民众破碎的心灵。在当时的情况下，凡尔赛宫受到轻视似乎是可以理解的……

国家对凡尔赛宫的漠不关心从树林的荒芜可见一斑。喷泉一座接一座损毁，公园——用以前的说法，就是园林——鲜有外人问津，仅属于镇上的居民……

博物馆的仓库里充满了不确定性。没有被路易-菲利普选用的藏品与那些在宫殿修建议会大厅时搬来的画作混杂堆放。各种类型的雕塑挤在一起，里边似乎会有些有趣的东西。在我这个幼稚的新手看来，这些行为都是可耻的，我就这样向我曾为之工作的馆长报告了。

难道我们不应该进行分类吗？虽然画廊现在因服务状态而无法向公众开放，但我们还能在其中展出，或许还能拯救一些无价之宝吧？

"年轻人，别犯傻，"我的管理者如是说，"我并非没有意识到仓库里有多少财富，但我们绝不能展出它们。而且也不要再谈论这件事，因为我们的工作是保护它们，而最简单的方式就是让它们自我保护。"

我说："但保存它们的环境十分糟糕：阁楼的仓库冬天几乎没有取暖设备，夏天温度又过高……"

"那是路易 - 菲利普的错，不是我们的。如今没有近在眼前的危险，而且如果我提出如此严重的问题，行政机构会以此为由来反对我。别那么积极，年轻人。如果你愿意的话，可以写些关于凡尔赛宫的书，但就让这座已无人问津的博物馆保持安宁吧。"

13 美国慈善家资助凡尔赛宫的标志性开端

这封由美国慈善家百万富翁小约翰·D. 洛克菲勒（1874—1960）写给法国总统雷蒙·普恩加莱的信，于1924年5月30日刊印在《费加罗报》（*Le Figaro*）上后变得广为人知，它标志着凡尔赛宫保护史上的一个重要时刻。

亲爱的总统阁下：

阔别17年后，我在去年夏天回到了法国，她绝伦的艺术、宏伟的建筑和华美的园林再次给我留下了深刻的印象。其中许多杰作不仅是属于法国的瑰宝，更是由其保管的属于全世界的财富，它们对世界艺术的影响将经久不衰。

在这些伟大的国家文物中，有些饱受岁月侵蚀，修复工作受战争影响无法继续；另一些则默默见证着战争的肆虐，对此我深感遗憾。我意识到这种情况只是暂时的，一切终将回归正常，因为法国人民有能力从其他更加紧迫的任务中抽身，一丝不苟地维护他们的公共遗产，而这些遗产已建立起令人羡慕的声誉。与此同时，我认为能够为此提供帮助是一种荣幸，并很高兴捐出100万美元，其支出将由一个以法国人和美国人共同组成的小委员会支配。

在我看来，这笔钱应用于重建兰斯大教堂；修复凡尔赛宫的建筑、喷泉及园林，以及对枫丹白露的宫殿和园林进行急需的

修缮。

　　我之所以提出这一建议，不仅出于我对这些伟大艺术杰作的欣赏：它们的影响应该在今后的岁月里毫不受损地传承下去，丰富后代人的生活，还出于我对法国人民的敬意，对他们崇高的精神、高尚的勇气以及对家庭生活的奉献的敬意。

　　　　　　　　　　　致以我最崇高的敬意。亲爱的总统阁下。

　　　　　　　　　　　　　　　　　小约翰·D. R. 洛克菲勒

　　　　　　　　　　　　　　　　　1924年5月3日

注释

引言

1 Charles Perrault, cited in Frédéric
Tiberghien, *Versailles: le chantier de
Louis XIV, 1662–1717*(Paris, 2002),
p. 91.

第一章 肇始：从纸牌屋到童话式宫殿

1 Saint-Simon, *Mémoires*, 8 vols, ed. Yves
Coirault (Paris, 1983–8), V, p. 532.

2 Jean Héroard, *Journal*, 2 vols, ed.
Madeline Foisil (Paris, 1989), I, p. 1287.

3 Saint-Simon, *Mémoires*, V, p. 522.

4 Bassompierre, *Journal de ma vie*, 4
vols, ed. Marquis de Chantérac (Paris,
1870–77), III,pp. 285-286; windmill
anecdote: Jean-François Solnon,
Histoire de Versailles (Paris, 1997), p.
17.

5 Claude de Varennes, *Le voyage de
France* (Paris, 1639), p. 195.

6 Jean-Baptiste Colbert, *Lettres,
instructions et mémoires*, 10 vols (Paris,

1861–82), V, p. 266, fn. 1.

7 Cited in Solnon, *Histoire de Versailles*,
p. 83. 当然，这位主教言过其实了。

8 Pierre Verlet, *Versailles* (Paris, 1961),
pp. 119–20 (citing André Félibien).

9 Colbert, *Lettres*, V, pp. 282–4, 268–9.

10 Louis XIV, *Mémoires pour l'instruction
du Dauphin* (1806), ed. Pierre Goubert
(Paris, 1992).

11 André Félibien, *Description sommaire
du chasteau de Versailles* (Paris, 1674),
pp. 11–12.

12 Ellis Veryard, *An Account of Divers
Choice Remarks…taken in a Journey
Through the Low Countries, France,
Italy and Part of Spain…* (London,
1701), p. 67. Cited in Hendrik Ziegler,
Louis XIV et ses ennemis: image,
propagande et contestation (Paris,
2013), p. 331.

13 Colbert, Lettres, V, pp. 268–9.

14 Saint-Simon, *Mémoires*, V, p. 532.

第二章 神化：黄金岁月（1682—1715）

1 Solnon, *Histoire de Versailles*, p. 120.

2 Louis XIV, *Mémoires*, p. 133.

3 Solnon, *Histoire de Versailles*, p. 141; Jean de La Bruyère, *Les Caractères* (Paris, 1841), p. 262.

4 Primi Visconti, *Mémoires sur la cour de Louis XIV, 1673–1681* (Paris, 1988), p. 147.

5 路易十四的 *Manière de montrer les jardins de Versailles* 有几个现代版本，见本书附录，p. 190。

6 Cited in Solnon, *Histoire de Versailles*, p. 219.

第三章 延续：波旁王朝的传承（1715—1789）

1 Chateaubriand, *Mémoires d'outre-tombe*, 2 vols, ed. Jean-Claude Berchet (Paris, 1989–98), I, p. 248.

2 Cited in Michel Antoine, *Louis XV* (Paris, 1989), p. 162.

3 Madame Campan, *Mémoires sur la vie privée de Marie-Antoinette*, 2 vols, 3rd edn (Paris, 1823), p. 16.

4 Cited in Antoine, *Louis XV*, pp. 46–7,

52 ('*soulagement à ne plus faire le Roi*').

5 Antoine, *Louis XV*, p. 447.

6 See Mathieu da Vinha, *Le Versailles de Louis XIV* (Paris, 2009), p. 112. 见本书附录，p. 185。

7 Gaston de Lévis, *Souvenirs et portraits, 1780–1789* (Paris, 1815), p. 143.

8 Henriette-Lucy de La Tour du Pin, *Journal d'une femme de cinquante ans, 1778–1815*, 2 vols, ed. Comte Aymar de Liedekerke-Beaufort (Paris, 1913), I, p.115.

9 Cited in V. Maroteaux, *Versailles, le Roi et son domaine* (Versailles, 2000), p. 148.

10 Marquis de Bombelles , *Journal*, 8 vols, ed. Jean Grassion and Frans Durif (Paris, 1977–2013), pp. 151–2.

11 Cited in Christopher Hibbert, *Versailles* (New York, 1972), p. 145. 参见英国游客阿瑟·杨格的评论，本书附录 p.180。

第四章 日常：凡尔赛宫的生活方式

1 François Guizot, *Mémoires pour servir à l'histoire de mon temps*, 8 vols (Paris, 1858), I, p. 6.

2 Visconti, *Mémoires*, pp. 43–4.

3 François Hébert, *Mémoires du curé de*

Versailles, ed. Georges Girard (Paris, 1927).

4 历史学家对数字的估计各不相同，有时相差甚远。我采用了权威专家马蒂厄·达·维尼亚的数据，参见他的 *Le Versailles de Louis XIV*，p. 47。估算仆人数量就更困难了。

5 William Ritchey Newton, *Derrière la façade: vivre au château de Versailles au XVIIIe siècle* (Paris, 2008), p. 235.

6 Da Vinha, *Le Versailles de Louis XIV,* p. 269.

7 关于这些故事以及它们与工人数量的关系，参见 Thierry Sarmant, *Les Demeures du Soleil: Louis XIV, Louvois et la surintendance des bâtiments du roi* (Seyssel, 2003), pp. 179ff。

第五章　走向共和：探寻新角色

1 La Tour du Pin, *Journal*, I, p. 232.

2 Ibid.

3 Cited in John Hardman, *The Life of Louis XVI* (London, 2016), p. 349.

4 Pierre Breillat, *Versailles, ville nouvelle, capitale modèle* (Versailles, 1986), p. 12. 引自司汤达小说中的一章。

5 Both cited in Mathieu da Vinha and Raphaël Masson (eds), *Versailles: histoire, dictionnaire et anthologie* (Paris, 2015), pp. 813, 818.

6 Michel Beurdeley, *La France à l'encan, 1789–1799: exode des objets d'art sous la Révolution* (Paris, 1981), p. 94; Odile Caffi n-Carcy & Jacques Villard, *Versailles et la Révolution* (Paris, 1988), p. 40.

7 Cited in Claire Constans, *Versailles: Absolutism and Harmony* (New York, 1998), p. 244.

8 Visitor cited in Jérémie Benoît, 'Napoléon à Trianon', at https://www.napoleon.org/histoire-des-2-empires/articles/napoleon-a-trianon.

9 Franck Ferrand, *Versailles après les rois* (Paris, 2012), p. 99; Constans, *Versailles*, p. 246.

10 Ferrand, *Versailles après les rois*, p. 139.

11 Munro Price, *The Perilous Crown: France between Revolutions, 1814–1848* (London, 2007), pp. 274–5.

12 Cited in Ferrand, *Versailles après les rois*, p. 127.

第六章　保护：策展、遗产与陈列

1 See the passages by Montesquiou in da Vinha and Masson, *Versailles*, pp. 904ff.; and Marcel Proust, *Les plaisirs et les jours* (1916: Paris, 1924), p. 176.

2 这个故事可见于 Charlotte A. E. Moberly and Eleanor F. Jourdain, *An Adventure*，该书前言由 Edith Oliver（London，1931）写就。这个版本中的学术观点称，幻觉是由"倒摄认知"（retrocognition）产生的。还可参考 Terry Castle, 'Contagious Folly: *An Adventure and Its Skeptics*', Critical Inquiry 17, no. 4（Summer, 1991), pp. 741—772。

3 Pierre de Nolhac, *La Résurrection de Versailles* (Paris, 1937), p. 13. See Appendices, p. 200.

4 Pierre de Nolhac, *La Création de Versailles* (Paris, 1925), pp. xxxi–xxxii.

5 André Cornu, cited in Ferrand, *Versailles après les rois*, p. 284.

第七章　结语

1 Pierre Nora (ed.), *Les lieux de mémoire*, 3 vols (Paris, 1997). 文集中的许多文章都有英译版。与凡尔赛宫有关的文章有：Hélène Himelfarb, 'Versailles: Functions and Legends', in *Rethinking France: Les lieux de mémoire,* ed. David P. Jordan, 3 vols (Chicago, 2001–2009), I; and Edouard Pommier, 'Versailles: the Image of the Sovereign', in Realms of Memory: *The Construction of the French Past,* ed. Lawrence D. Kritzman, 3 vols (New York, 1997–1998), III.

2 http://chateauversailles-recherche.fr/.

3 见 http://www.chateauversailles.fr/etablissement-public#nos-missions（包括自 2003 年起的年度报告）。

4 Anish Kapoor, Versailles (Paris, 2015).

5 关于此类问题，具有参考价值的是 *La Tribune de l'Art*: http://www.latribunedelart.com。例如，可见 Didier Rykner, 'Domaine de Versailles, ou Versailles-land?' (25 March 2007): http://www.latribunedelart.com/domaine-de-versailles-ou-versailles-land。

扩展阅读

近几十年来，关于凡尔赛的研究项目和学术成果如雨后春笋般涌现。但遗憾的是，其中英语作品屈指可数。马蒂厄·达·维尼亚和拉斐尔·马森合编的《凡尔赛：历史、词典与文选》是这一领域的杰出作品。近年来值得注意的主题包括路易十四的日常（Béatrix Saule）、凡尔赛的肖像学（Gérard Sabatier、Dominique Poulot、Jean-Pierre Neraudeau）、房间及居所（William Newton）、宫廷世界（Frédérique Laferme-Falguières、Alexandre Maral）、宫廷节庆活动（Marie-Christine Moine）、庄园（Vincent Maroteaux、Thierry Sarmant、Frédéric Tiberghien）、园林（Thierry Bosquet and Philippe Beaussant）以及路易-菲利普的凡尔赛博物馆（Thomas Gaehtgens）。虽然如今看来已显过时，但 Jean-François Solnon 的 Histoire de Versailles（1997年首次出版后几次再版）依然是最易读的单卷本作品。在关于凡尔赛镇的作品中，Émile and Madeleine Houth 的 *Versailles aux trois visages*（Versailles，1980）仍然是最好的一部。Jean-Claude Le Guillou 的 *Versailles avant Versailles: au temps de Louis XIII*（Paris，2011）和 Franck Ferrand 的 *Versailles après les rois*（Paris，2003）两部作品极具价值，它们所涵盖的时期其他作品鲜有涉及。在艺术和建筑方面，可以参考近年来宫殿里举办的各类展览的名录。最后，凡尔赛宫的官方网站制作用心，远胜任

何旅行指南，其英文版网址为http://en.chateauversailles.fr/。

几乎所有相关英语作品都起于路易十四，终于法国大革命。这在Tony Spawforth 的作品 *Versailles: A Biography of a Palace*（New York，2008）中也有所体现。这是最易读、最有助益的一部通识性作品。

Claire Constans 的 *Versailles: Absolutism and Harmony*（New York，1988）也非常精彩，还配有精美的插图。

其他具有参考价值的英文书目：

Amarger, Antoine, *The Hall of Mirrors: History and Restoration* (Dijon, 2007)

Baridon, Michel, *A History of the Gardens of Versailles* (Philadelphia, PA, 2008)

Berger, Robert W., *Versailles: The Château of Louis XIV* (University Park, PA, 1985)

Berger, Robert W., *In the Garden of the Sun King: Studies on the Park of Versailles under Louis XIV* (Washington, DC, 1985)

Burke, Peter, *The Fabrication of Louis XIV* (New Haven, 1992)

Duindam, Jeroen, *Vienna and Versailles: The Courts of Europe's Dynastic Rivals, 1550–1780* (Cambridge, 2003)

Dunlop, Ian, *Versailles* (London, 1970)

Goldstein, Claire, *Vaux and Versailles: The Appropriations, Erasures, and Accidents that Made Modern France* (Philadelphia, PA, 2007)

Hibbert, Christopher, *Versailles* (New York, 1972)

Himelfarb, Hélène, 'Versailles, Functions and Legends' (2001), in *Rethinking France: Les lieux de mémoire,* ed. David P. Jordan, 3 vols (Chicago, 2001–2009), I

Le Roy Ladurie, Emmanuel, *Saint-Simon and the Court of Louis XIV* (Chicago, 2001)

Levron, Jacques, *Daily Life at Versailles in the Seventeenth and Eighteenth Centuries* (London, 1968)

Mansel, Philip, *The Court of France, 1789–1830* (Cambridge, 1988)

Mukerji, Chandra, *Territorial Ambitions and the Gardens of Versailles* (Cambridge, 1997)

Pommier, Edouard, 'Versailles: the Image of the Sovereign' (1998), *in Realms of Memory: The Construction of the French Past,* ed. Lawrence D. Kritzman, 3 vols (New York, 1997–1998), III.

Richard, Pascale, *Versailles,* the American Story (Paris, 1999)

Sahlins, Peter, 1668: *The Year of the Animal in France* (New York, 2017)

Thompson, Ian, *The Sun King's Garden: Louis XIV, André Le Nôtre and the Creation of the Gardens of Versailles* (London, 2006)

图片来源

扉页后 Château de Versailles, France/ Bridgeman Images;

p. III The Louvre Museum, Paris;

p. IV Château de Versailles, France/ Bridgeman Images;

p. VII Google Art Project;

p. 7 Bibliothèque Nationale, France/ Bridgeman Images;

pp. 10–11 Photo Josse/Leemage/Getty Images;

p. 14 Château de Versailles, France/ Bridgeman Images;

pp. 18–19 Château de Versailles, France/ Bridgeman Images;

p. 21 Jeff Edwards;

pp. 24–25 Emmanuel Lattes/Alamy Stock Photo;

pp. 28–29 Château de Versailles,France;

p. 35 Photo 12/Alamy Stock Photo;

pp. 38–39 Château de Versailles, France;

p. 41 Fine Art Images/Heritage Images/ Getty Images;

p. 48 Private Collection/Bridgeman Images;

pp. 52–53 YingHui Liu/Shutterstock. com;

p. 59 Château de Versailles, France;

pp. 60–61 Château de Versailles, France;

pp. 66–67 akg-images;

pp. 72–73 Granger/REX/Shutterstock;

p. 78 Château de Versailles, France;

p. 80 Château de Versailles, France;

pp. 88–89 Royal Collection Trust © Her Majesty Queen Elizabeth II, 2018;

pp. 94–95 Art Media/Print Collector/ Getty Images;

p. 98 Google Cultural Institute;

p. 102 Schönbrunn Palace, Austria;

pp. 106–107 Royal Collection Trust © Her Majesty Queen Elizabeth II, 2018/ Bridgeman Images;

p. 115 Private Collection/Photo © Christie' s Images/Bridgeman Images;

p. 118 Bibliothèque Nationale, France;

pp. 128–129 adoc-photos/Corbis via Getty Images;

pp. 130–131 De Agostini Picture Library
/G. Dagli Orti /Bridgeman Images;

pp. 134–135 Christophel Fine Art/UIG
via Getty Images;

pp. 140–141 Schloss Friedrichsruhe,
Germany/Bridgeman Images;

p. 147 Private Collection/© Look and
Learn/Elgar Collection/Bridgeman
Images;

p. 150 Branger/Roger Viollet/Getty
Images;

p. 153 Imperial War Museum, London;

p. 158 Universal History Archive/UIG/
Getty Images;

p. 161 Photo 12/Alamy Stock Photo;

p. 168 Pascal Le Segretain/Sygma/Getty
Images;

p. 170 Fotos593/Shutterstock.com;

pp. 190–191 DEA/G. Dagli Orti/De
Agostini/Getty Images.

译名对照表

人名

A

阿尔贝·德·贡迪 Albert de Gondi

阿纳托尔·法朗士 Anatole France

阿瑟·杨格 Arthur Young

埃里·罗斯柴尔德 Élie de Rothschild

埃利斯·韦里亚德 Ellis Veryard

安德烈·费利比安 André Félibien

安德烈·科尔尼 André Cornu

安德烈·勒诺特尔 André Le Nôtre

安德烈·马尔罗 André Malraux

安德烈·舍尼埃 André Chénier

安德烈-查尔斯·布勒 André-Charles Boulle

安东·冯·沃纳 Anton von Werner

安尼施·卡普尔 Anish Kapoor

昂热-雅克·加布里埃尔 Ange-Jacques Gabriel

奥托·冯·俾斯麦 Otto von Bismarck

奥逊·威尔斯 Orson Welles

B

碧姬·芭铎 Brigitte Bardot

C

夏尔·勒布伦 Charles Le Brun

查尔斯·尼古拉斯·科钦 Charles Nicolas Cochin

村上隆 Takashi Murakami

D

戴维·洛克菲勒 David Rockefeller

德尔菲娜·德·吉拉丹 Delphine de Girardin

F

菲利普-杰拉尔 Philippe-Gérard

菲利普-平等 Philippe-Égalité

冯·考尼茨-里特贝格 von Kaunitz-Rietberg

弗朗索瓦·埃贝尔 François Hébert

弗朗索瓦·勒穆瓦纳 François Le Moyne

弗朗索瓦-勒内·德·夏多勃里昂

François-René de Chateaubriand

弗洛伦斯·哈里斯 Florence Harris

G

戈登·贝内特 Gordon Bennett

哥沙班 Kosa Pan

H

贺拉斯·贝内特 Horace Vernet

J

吉安·洛伦索·贝尔尼尼 Gian
Lorenzo Bernini

杰夫·昆斯 Jeff Koons

杰拉尔德·范·德·肯普 Gérald Van
der Kemp

K

凯瑟琳·德·美第奇 Catherine de Medici

克劳黛·考尔白 Claudette Colbert

克劳德·德·瓦雷纳 Claude de
Varennes

L

拉斐尔·马森 Raphaël Masson

勒内·科蒂 René Coty

雷蒙·普恩加莱 Raymond Poincaré

理查德·米克 Richard Mique

路易·勒沃 Louis Le Vau

路易-塞巴斯蒂安·梅西耶 Louis-
Sébastien Mercier

路易斯-莱奥波德·博伊 Louis-
Léopold Boilly

露易丝·德·拉·瓦里埃尔 Louise de
La Vallièr

罗伯特·德·孟德斯鸠 Robert de
Montesquiou

罗伯特-弗朗索瓦·达密安 Robert-
François Damiens

M

马蒂厄·达·维尼亚 Mathieu da Vinha

马夏尔·德·洛梅尼 Martial de
Loménie

马歇尔·贝当 Marshal Pétain

玛丽·莱什琴斯卡 Marie Leczinska

玛丽亚·特蕾莎 Marie Thérèse

莫里斯·康坦·德·拉图尔 Maurice
Quentin de La Tour

N

尼古拉·卡拉姆津 Nikolay Karamzin

尼古拉斯·富凯 Nicolas Fouquet

O

欧马勒公爵 Duc d'Aumale

欧仁·塔尔迪厄 Eugène Tardieu

欧仁·维欧勒-勒-杜克 Eugène
Viollet-le-Duc

P

皮埃尔·德·诺拉克 Pierre de Nolhac

皮埃尔·诺拉 Pierre Nora

皮埃尔·帕特尔 Pierre Patel

皮埃尔·维尔莱 Pierre Verlet

皮埃尔-德尼·马丁 Pierre-Denis Martin

普里米·维斯康蒂 Primi Visconti

Q

乔治·克里孟梭 George Clemenceau

R

让·德·拉布吕耶尔 Jean de La
Bruyère

让·科泰勒 Jean Cotelle

让·马莱 Jean Marais

让-巴普蒂斯特·柯尔贝尔 Jean-
Baptiste Colbert

让-巴普蒂斯特·吕利 Jean-Baptiste
Lully

让-巴普蒂斯特·马丁 Jean-Baptiste
Martin

让-亨利·里茨内尔 Jean-Henri
Riesener

让-马克·纳蒂埃 Jean-Marc Nattier

S

萨卡·圭特瑞 Sacha Guitry

T

塔列朗 Talleyrand

W

威廉·奥本 William Orpen

维克托里安·萨尔杜 Victorien Sardou

文策尔·安东 Wenzel Anton

伍德罗·威尔逊 Woodrow Wilson

X

西耶斯神父 Abbé Siéyès

夏多布里昂 Chateaubriand

夏尔·戴高乐 Charles de Gaulle

夏尔·佩罗 Charles Perrault

小约翰·D. 洛克菲勒 John D.
Rockefeller Jr

休伯特·罗伯特 Hubert Robert

Y

雅克·贡布斯特 Jacques Gomboust

亚当·弗兰斯·范德·莫伦 Adam
Frans Van Der Meulen

亚历山大·米勒兰 Alexandre
Millerand

亚森特·里戈 Hyacinthe Rigaud

伊迪丝·琵雅芙 Edith Piaf

Z

朱尔斯·阿杜安-芒萨尔 Jules
Hardouin-Mansart

朱里欧·马萨里诺 Giulio Mazzarini

地名

阿波罗泉池 Bassin d'Apollon

阿波罗浴池林 Bosquet des Bains
d'Apollon

比耶夫雷河 River Bièvre

兵器广场 Place d'Armes

大公社 Grand Commun

大理石庭院 cour de marbre

灯笼阁 Pavillon de la Lanterne

迪弗尔翼楼 Dufour Wing

厄尔河 River Eure

法国历史博物馆 Musée de l'histoire

de France

法国学院派专属博物馆 Musée spécial
de l'école française

法兰西岛 Île-de-France

樊尚 Vincennes

海格力斯厅 Salon d'Hercule

海神喷水池 Bassin de Neptune

和平厅 Salon de la Paix

欢宴厅 Salle des Menus Plaisirs

加利山谷 Val de Galie

凯旋丛林园 Bosquet de l'Arc de
Triomphe

拉米埃特 La Muette

拉托娜泉池 Bassin de Latone

兰斯大教堂 Reims Cathedral

朗布依埃 Rambouillet

林下特里亚农宫 Trianon-sous-Bois

卢瓦尔河谷 Loire Valley

鹿苑 Parc aux Cerfs

罗得岛州 Rhode Island

吕埃尔 Rueil

马尔利勒鲁瓦 Marly-le-Roi

蒙梅迪 Montmédy

迷宫丛林园 Bosquet du Labyrinthe

南方花坛 Parterre du Midi

牛眼厅 Salon de l'Œil de Boeuf

塞夫尔 Sèvres

瑟堡 Cherbourg

圣克卢 Saint-Cloud

圣路易斯 St Louis

圣日耳曼昂莱 Saint-Germain-en-Laye

舒瓦西 Choisy

托比亚克 Tolbiac

瓦尔密 Valmy

瓦格拉姆 Wagram

瓦雷纳 Varennes

舞厅丛林园 Bosquet de la Salle de Bal

香波城堡 Chambord

新喀里多尼亚 New Caledonia

议政厅 Salle du Conseil

云石别墅 Marble House

战争厅 Salon de la Guerre

柱廊丛林园 Bosquet de la Colonnade

专有名词

奥地利王位继承战争 War of the Austrian Succession

奥格斯堡同盟战争 War of the League of Augsburg

镀金时代 Gilded Age

凡尔赛之友协会 Société des Amis de Versailles

国王之口 Bouche du Roi

黑色传说 Black Legend

王室盛典 Grand Divertissement royal

记忆之场 lieux de mémoire

流血周 Semaine Sanglante

马尔利机器 Machine de Marly

魔法岛的欢愉 Les Plaisirs de l'Île enchantée

奈梅亨条约 Treaty of Nijmegen

南特敕令 Edict of Nantes

普法战争 Franco-Prussian War

七年战争 Seven Years War

瑞士核心队 Cent-Suisses

三十年战争 Thirty Years' War

圣巴托洛缪大屠杀 Saint Bartholomew's Day

苏格兰卫队 Garde Écossaise

网球场宣言 Tennis-Court Oath

西班牙王位继承战争 War of the Spanish Succession

遗产战争 War of Devolution

娱乐司 Menus plaisirs

愚人日 Day of the Dupes

里程碑文库
The Landmark Library

"里程碑文库"是由英国知名独立出版社宙斯之首（Head of Zeus）于2014年发起的大型出版项目，邀请全球人文社科领域的顶尖学者创作，撷取人类文明长河中的一项项不朽成就，以"大家小书"的形式，深挖其背后的社会、人文、历史背景，并串联起影响、造就其里程碑地位的人物与事件。

2018年，中国新生代出版品牌"未读"（UnRead）成为该项目的"东方合伙人"。除独家全系引进外，"未读"还与亚洲知名出版机构、中国国内原创作者合作，策划出版了一系列东方文明主题的图书加入文库，并同时向海外推广，使"里程碑文库"更具全球视野，成为一个真正意义上的开放互动性出版项目。

在打造这套文库的过程中，我们刻意打破了时空的限制，把古今中外不同领域、不同方向、不同主题的图书放到了一起。在兼顾知识性与趣味性的同时，也为喜欢此类图书的读者提供了一份"按图索骥"的指南。

作为读者，你可以把每一本书看作一个人类文明之旅的坐标点，每一个目的地，都有一位博学多才的讲述者在等你一起畅谈。

如果你愿意，也可以将它们视为被打乱的拼图。随着每一辑新书的推出，你将获得越来越多的拼图块，最终根据自身的阅读喜好，拼合出一幅完全属于自己的知识版图。

我们也很希望获得来自你的兴趣主题的建议，说不定它们正在或将在我们的出版计划之中。

里程碑文库编委会

里程碑文库

本文库由未读与英国宙斯之首联手打造，邀请全球顶尖人文社科学者创作，撷取人类文明长河中的一项项不朽成就，深挖社会、人文、历史背景，串联起影响、造就其里程碑地位的人物与事件。作为读者，您可以将文库视为一盒被打乱的拼图。随着每一辑新书的推出，您将获得越来越多的拼图块，并根据自身的兴趣，拼合出一幅属于您的独特知识版图。

第三辑

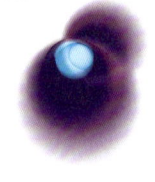

活的中国园林：从古典到当代的传统重塑

中华文明的宝贵遗产，该如何应时而变、应运而变？
著名建筑师唐克扬带你追古抚今，寻找中国人的安心之所

莎士比亚：悲喜世界与人性永恒的舞台

澳大利亚著名文学评论家品评莎士比亚现象，
在快餐文化当道的年代，带你追问继续阅读莎翁的理由

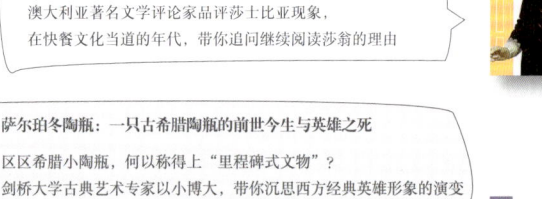

萨尔珀冬陶瓶：一只古希腊陶瓶的前世今生与英雄之死

区区希腊小陶瓶，何以称得上"里程碑式文物"？
剑桥大学古典艺术专家以小博大，带你沉思西方经典英雄形象的演变

凡尔赛宫：路易十四的权力景观与法兰西历史记忆

从穷奢极欲的皇家园林，到供人参观的历史遗迹，
著名法国史专家带你走近真正的凡尔赛，
见证波旁王朝的荣耀与君主专制的陨落

春之祭：噪音、芭蕾与现代主义的开端

资深古典音乐学者详解 20 世纪音乐史上影响极其深远的作品，
带你共赏"死亡之舞"的最原始咆哮，拉开现代主义的序幕

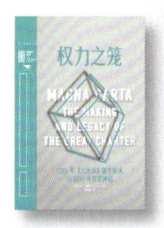

权力之笼：1215 年《大宪章》诞生始末与 800 年传世神话

著名历史学者丹·琼斯妙笔写春秋，带你再闯"金雀花王朝"，
看一纸文书如何塑造现代西方政治

第一辑

第二辑

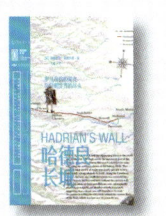

里程碑文库
THE LANDMARK LIBRARY

人类文明的高光时刻
跨越时空的探索之旅

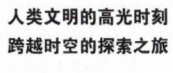

什么是「未读之书」?

从2020年7月起,未读君每月都从当月「未读」新书中精选出一本**最能代表「未读」气质和调性的好书**(定价不低于58元且为首发)作为「未读之书」推荐给大家,与大家一起换个姿势看世界。

「未读」共读Plus会员无需下单就能直接获得这本「未读之书」,还可以参加它的线上共读会,并享受更多独家权益。

如何成为「未读」共读Plus会员?

「未读」共读Plus会员卡,分成体验月卡、半年卡和年卡,分别为59/月、299元/半年、549元/年。

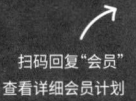

扫码回复"会员"
查看详细会员计划

未读共读Plus会员卡

档位		单月体验卡(限购一次)	半年卡	年卡
价格(元)		59	299	549
图书折扣(特殊商品除外)		5.5折	5.5折	5折
文创折扣			8折	
共读包	会员福利包:每月一本首发新书(定价58元-98元)+1份会员专属文创		✓	
	每月一次共读活动(价值29.9元)		✓	
专属权益	每月一张6元优惠券		✓	
	每月会员专区专属优惠(低至四折)		✓	
	赠送首年12本「未读之书」共读素材包(共计价值118.8元)		✓	
	专属会员群,每月一次新书讲书活动		✓	
特殊权益	新品首发购买权		✓	
	部分特殊版本/独家产品购买权(非会员不享有)		✓	

19

《给忙碌青少年讲科学》（全9册）

[美] 尼尔·德格拉斯·泰森
[英]《新科学家》杂志 著
阳曦 等译

—

霍金科学传播奖得主携 50 位牛津、剑桥等世界名校专家，写给孩子的科学通识教育读本。

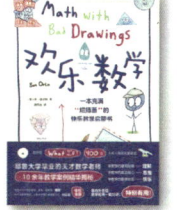

20

《欢乐数学》

[美] 本·奥尔林 著
唐燕池 译

—

数学版 What if？400 幅漫画笑爆课堂，让数学从可怕变可爱，从枯燥变有趣！

21

《把宇宙作为方法》

[美]尼尔·德格拉斯·泰森 著
阳曦 译

—

天体物理学家谈宇宙法则、未来、生死、开放的心态与精神的高处。

22

《生命大趋势》

[美]威廉·C.伯格 著
吴勐 译

—

40 亿年复杂生命演化全程，了解《生物多样性公约》缔约方大会主题参考读物。

23

《美国自然历史博物馆终极恐龙大百科》

[美] 马克·A.诺雷尔著
黎茵、李凤阳 译

—

2.35 亿年 44 个恐龙大家族，一次看完世界知名恐龙博物馆 125 年积淀。邢立达隆重推荐！

24

《终极观星指南》

[美]鲍勃·金 著
王晨 译

—

天文观测全实践，星空爱好者的终极资源包。

13

里程碑文库·第三辑

唐克扬 等著
李凤阳 等译

—

聚焦人类文明的高光时刻，
拼合属于你自己的知识版图。

14

《考古通史》

[英] 保罗·巴恩 等著
杨佳慧 译

—

15 位一线考古专家联袂编写，
见证世界考古学的伟大成就。

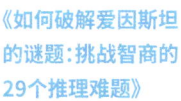

15

**《一旦能放声嘲笑
自己，你就自由了》**

[美] 梅丽莎·达尔 著
秦鹏 译

—

给"社死"人士的抢救手册，
解救深陷"尴尬恐惧症"的你。

16

**《数据如何误导了
我们：普通人的
统计学思维启蒙书》**

[荷] 桑内·布劳 著
冯皓珺 译

—

大数据时代的避坑指南。

17

**《如何破解爱因斯坦
的谜题：挑战智商的
29个推理难题》**

[英] 杰里米·斯特朗姆 著
王岑卉 译

—

从常识开始，真正建立逻辑思维；
用哲学概念，提升思辨力。

18

**《如何证明你不是
僵尸：拓宽思维的
28个哲学难题》**

[英] 杰里米·斯特朗姆 著
王岑卉 译

—

摆脱浅层次思考，看问题不再"想当然"，
学会在两难困境中做出聪明的抉择。

07

《博斯：人类之恶》

[法]纪尧姆·卡塞格兰 著 王烈 译

—

艺术大师博斯收藏级精品画册，
超大开本震撼呈现博斯宇宙。

08

《拉下百叶窗的午后》

[英]布雷特·安德森 著
王知夏 译

—

英伦传奇乐队 Suede 主唱布雷特·安德森回忆
录。从山羊皮乐队生涯到音乐存在的意义，一
次诚挚而沉入的反思。

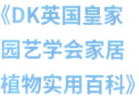

09

《DK英国皇家园艺学会家居植物实用百科》

[英]弗兰·贝利
[英]齐娅·奥拉维 著
王晨 译

—

日常养护的硬技能 + 植物陈设的软技巧。
家庭园艺一本通，在屋中实现花园梦。

10

《口袋美术馆：街头艺术》

[英]西蒙·阿姆斯特朗 著
陈梦佳 译

—

Thames&Hudson 明星套系全新出品，
潮流青年不可错过的街头文化史。

11

《给智人的极简人类进化史》

[法]希尔瓦娜·孔戴米 等著
李鹏程 译

—

作为智人，你真的了解自己吗？
两小时读懂三百万年。

12

《无隐私时代》

[美] 阿奇科·布希 著
郑澜 译

—

你的隐私已经成为你最昂贵的奢侈品，
你该如何看待它。

新鲜上市

01 《神知识又增加了：希腊神话图解百科》

[法] 奥德·戈埃米纳 著
[法] 安娜-洛尔·瓦鲁特斯科斯 绘
都文 译

—

一本书读懂希腊神话。69 位神、英雄和妖怪，关联 130 余件世界名画、雕塑，解读无处不在的"希腊神话梗"。

02 《四月樱，九月萩：花的日本美学探源》

[日] 栗田勇 著
徐菁菁 译

—

读懂"花"，也就读懂了日本文化。每月选取一种代表性花卉，讲解其在日本历史文化中的独特意义。紫绶褒章获得者栗田勇作品。

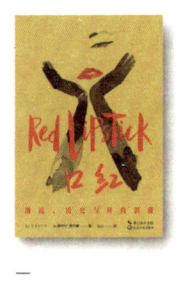

03 《口红：潮流、历史与时尚偶像》

[美] 雷切尔·费尔德 著
山山 译

—

口红的秘密，远不止色号！90 余幅珍贵的口红元素绘画、插图、照片，讲述历史与时尚中的口红往事。

04 《重新发现日本：500件日本怀旧器物图鉴》

[日] 岩井宏实 著
[日] 中林启治 绘
沈于晨 译

—

走进《樱桃小丸子》《龙猫》《哆啦A梦》的世界，昭和时代衣食住行全图解！

05 《真相漂流计划》

[英] 克莱尔·普利 著
姚瑶 译

—

企鹅兰登 2020 年年度重磅好书，《纽约时报》畅销书，感动 30 国读者。在生命的洪流里，我们都是彼此的诺亚方舟。

06 《佐野洋子作品集》

[日] 佐野洋子 著
吕灵芝 等译

—

从"顽皮少女"到"睿智老太"，记录一位女性平凡而潇洒的一生。毛丹青、黎戈等大咖联袂推荐。